江戸無血開城、通説を覆す

一枚の絵に隠された"謎"を読み解く

山本紀久雄

表紙および１ページ目の画像は茨城県近代美術館
所蔵のもの

はじめに

明治神宮外苑に建つ聖徳記念絵画館に、結城素明《ゆうきそめい》の壁画『江戸開城談判』が展示されており、これが中学教科書にも掲載され、いわば「正史」としての取り扱いを受けている。

この壁画『江戸開城談判』は、慶応4年（1868）3月14日、江戸薩摩藩邸において、西郷隆盛と勝海舟の「談判」によって、江戸城が無血開城されたことを表現している。

山岡鉄舟《やまおかてっしゅう》を研究している者として、この壁画のタイトルの「談判」という言葉に対して、かねてより疑問を持っていた。

それは、慶応4年3月14日を遡る3月9日、山岡鉄舟は徳川慶喜《よしのぶ》から直命を受け、江戸から駿府まで駆け抜け、官軍の参謀・西郷隆盛と「談判」し、慶喜の命を保証させ、江戸開城条件提示を受けたのであるから、この3月9日時点で江戸無血開城は実質的に決まったのではないかという観点からである。

では、慶応4年3月14日における江戸薩摩藩邸の西郷と海舟の二人を、素明が「談判」壁画として描いたのは、何を意味しているのか。

聖徳記念絵画館の壁画『江戸開城談判』制作には、明治神宮奉賛会のメンバーをはじめとして、「下絵」と「画題考証図」を担当した二世五姓田芳柳《ごせだほうりゅう》、実際に壁画を描いた結城素明、そのほか資料提供や史実の確認作業などで多くの人が関わっている。

筆者が、それらの史料、史実を渉猟し歩いた過程から判明したのは、慶応4年3月14日の江戸薩摩藩邸における西郷隆盛・勝海舟二人による対面は「談判」ではなかった、ということである。

この論拠を、聖徳記念絵画館建設の経緯から二世五姓田芳柳の作業内容、結城素明が描くにあたって参考とした人物や史料、その背後に横たわる吉本襄《のぼる》による『氷川清話』の問題点などについて月刊誌『ベルダ』の連載『「命も、名も、金も要らぬ」山岡鉄舟』のなかで、2019年7月号から2020年6月号において『「江戸開城談判」壁画の怪』と題したものに加筆したのが本書である。

なお、この史料収集過程で参考にした史料、本題とは関係が薄いものも含まれているが、ご興味なければ読み飛ばしていただきたい。

目次

はじめに……3

第1章　中学教科書で「正史」と認められている

●中学教科書の記述……12
●「正史」としての認識……14
●聖徳記念絵画館の歴史認識……15

第2章　明治神宮および明治神宮外苑、聖徳記念絵画館建設の創建経緯

●明治神宮および明治神宮外苑創建の経緯……18
●聖徳記念絵画館建設の経緯……19

第3章　聖徳記念絵画館を飾る80点の壁画決定経緯

●壁画『江戸開城談判』……22
●明治天皇の肖像画……23

第4章　二世五姓田芳柳

●二世五姓田芳柳という画家……32
●『関東大震災当時の宮城前本社東京支部臨時救護所の模様』……34
●下絵作成に関する二つの資料……36
●下絵作成にあたっての経緯……37
●『江戸開城談判』の下絵は3枚……40

第5章　『江戸開城談判』の画題考証図

●画題考証図の決定経緯……48

●画題考証図のタイトルを『江戸開城談判』と「談判」にした妥当性……55
●山岡鉄舟の直筆『西郷隆盛氏ト談判筆記』……67
●慶応4年3月21日『中外新聞』掲載記事……72
●『氷川清話』……77
●『海舟語録』……83
●名刀「武蔵正宗」拝観と『正宗鍛刀記』の原本発見……87
●アンシン・アナトーリー著『山岡鉄舟の功績を称えた「正宗鍛刀記」の考証』の検討……94
●鉄舟が一番槍だと認めた慶喜……98

第6章　壁画『江戸開城談判』の検討

●壁画の制作を結城素明に依頼した経緯……104
●目賀田男爵談話筆記……105
●結城素明が壁画を描くために調べた内容……109
●西郷・海舟の人物習作と壁画完成……115

第7章　海舟が大刀を左脇に置きたる位置は妥当か

●海舟の大刀の位置……120
●閲覧垂教を受けた浅野長勲侯爵（元広島藩主）……120
●武士の刀作法……133

第8章　結城素明の検討

●忘れられかけている画家……142
●東山魁夷による結城素明の評価……150
●結城素明の出版物……152
●その他の出版物……156
●伊豆の長八……163
●江戸無血開城の史料学……179
●壁画を描く画家の選定……186

第9章　問題は吉本襄《のぼる》の『氷川清話』に存在する
●『氷川清話』は二種類ある……194
●吉本襄の人物像……200
●吉本はどのようにして史実を改竄したのか……205
●目賀田種太郎の談話筆記と鉄舟の『西郷隆盛氏ト談判筆記』……212
●『海舟語録』は異なる……218

第10章　「談判」と大刀の位置の総括
●「談判」は妥当なのか、そして大刀が置かれた位置は妥当なのか……224
●壁画『江戸開城談判』タイトルの「談判」はおかしい……224
●海舟の大刀の位置は武士の作法からしておかしい……227

おわりに……238

第1章　中学教科書で「正史」と認められている

●中学教科書の記述

聖徳記念絵画館の壁画『江戸開城談判』は、中学教科書の「歴史」に掲載されている。

育鵬社の中学教科書〔最新〕『新しい日本の歴史』「第2節　明治・日本の国づくり」177頁（育鵬社　令和3年〔2021〕2月15日）には、下の絵とともに、以下のように掲載されている。

《1868（慶應《けいおう》4）年3月14日、江戸《えど》薩摩《さつま》藩邸《はんてい》で、幕府陸軍総裁《ばくふりくぐんそうさい》・勝海舟《かつかいしゅう》と官軍《かんぐん》の参謀・西郷隆盛《さいごうたかもり》が会談しました。西郷率いる1万の官軍は江戸総攻撃《こうげき》の準備を終え、一方、旧幕府に味方する数千人の武士《ぶし》も江戸城に集結、両軍は衝突《しょうとつ》を待つばかりでした。鳥羽《とば》・伏見《ふしみ》の戦いに敗《やぶ》れた徳川慶喜《とくがわよしのぶ》は、

『江戸開城談判』結城素明 作
（聖徳記念絵画館所蔵）

新政府に完全に従《したが》う姿勢をとり、慶喜の命《めい》を受けた勝は、幕府を代表して、総攻撃の中止を求めるため西郷に会見を申し入れました。江戸で日本人どうしが戦えば､多くの人を苦しめるだけでなく、外国勢力《せいりょく》にもつけいるすきをあたえます。勝は、官軍が慶喜の命《いのち》を助け、徳川家に寛大《かんだい》な措置をとるなら江戸城を無抵抗《むていこう》で明け渡《わた》すと告げ、西郷の言葉を待ちました。

「いろいろと難しい議論《ぎろん》もありましょうが、私の一身にかけてお引き受けいたしましょう」

西郷の一言で江戸は戦火から救われました。

この江戸無血開城は、勝と西郷が大局的《たいきょくてき》な視野に立って決断した結果でした。そして、明治維新《いしん》の中で、さまざまな人々が勝や西郷と同じような視野に立って行動し、維新という大事業を成しとげていきました》

また、日本文教出版中学教科書、『中学社会　歴史的分野』１７７頁では前頁の絵とともに以下のように掲載されている。

《新政府軍の代表西郷隆盛と旧幕府軍の代表勝海舟《かつかいしゅう》とが話し合い、欧米諸国の介入《かいにゅう》を防ぐためにも、戦うことなく江戸城の新政府軍への明けわたしが決まりました》

このほかの東京書籍、帝国書院、教育出版の中学教科書にも同様に壁画『江戸開城談判』が掲載されている。

ただし、いずれも壁画『江戸開城談判』を掲載しつつも、壁画タイトルの「談判」という言葉は使わず、「会談し」、「話し合い」という言葉によって解説されている。

●「正史」としての認識

聖徳記念絵画館の内部は、中央の大広間から左右両翼に回廊が伸び、正面に向かって右翼側(東側)の第一画室と第二画室に日本画40点、左翼側(西側)の第三画室と第四画室に洋画40点が並んで展示されている。この一画に壁画『江戸開城談判』が位置している。

『明治聖徳記念学会紀要復刊第11号』(「明治神宮聖徳記念絵画館について」林洋子　平成6年4月)は以下のように絵画館の絵についてこう酷評する。

《これらは決して同時代のベストメンバーらによって描かれたのではなく、芸術の領域から離脱したような「紙芝居」のような作品が大半となっている》

林氏は美術品とは認められない作品が並ぶと主張する。

しかし、この絵画館の壁画は「とても無視できない歴史画」と認識せざるを得ない。それを指摘しているのが川井知子氏の「明治神宮聖徳記念絵画館研究」(『哲学会誌』第21号　平成9年11月学習院大学哲学会）である。

《自らの史料的価値を標榜した絵画館の目論見は、成功しているといってよいだろう。「壁画」は、視覚的メディアを通じて、絵画館の外へと拡散、増殖し、各所で機能していくことになるのである。「壁画」の拡散は、師範学校で使用される国定国史教科書の挿図として用いられことに始まる。そして現在でも、「壁画」は多くの書物に「史料」として、あるいは「史料」と見まがうような形で掲載されている》

《絵画館の「壁画」は、教科書をはじめとした、日常的に、不特定多数の人々に触れるメディアによって、「作られた歴史」から、「疑うべくもない正史」となってきたのであり、今後も「史料」として用いられる限り、「正史」として振る舞い続けるであろう》

そのとおりで、『江戸開城談判』は中学教科書に掲載され、「正史」として扱われているのが現実である。

●聖徳記念絵画館の歴史認識

聖徳記念絵画館の認識を証明するテレビ番組が、ＢＳ11の２０１９年３月３日『壮麗な美術館で日本の歴史を辿る「聖徳記念絵画館」（東京・明治神宮外苑）』というタイトルで放映された。

女優・野村麻純さんが聖徳記念絵画館を訪れる番組で、『大政奉還』、『江戸開城談判』、『岩倉大使欧米派遣』、『西南役熊本籠城』、『初雁の御歌』、『グラント将軍と御対話』、『枢密院憲法会議』などが紹介された。

解説に登場した聖徳記念絵画館の学芸員が、壁画『江戸開城談判』の前で次のように力説された。「この壁画は緊迫した場面を表現しています。それは刀の置き方でわかります。通常は右側ですが、これは左です。この会談が決裂したらどうなるのか。その時は……。という海舟の決意を伝えているものです」と語った。

つまり、江戸無血開城は慶応4年3月14日の会談で決まったという見解を述べたのである。

このように壁画『江戸開城談判』は教科書で「正史」として認識され、また聖徳記念絵画館もそう認識しているのが実状である。

だが、この壁画『江戸開城談判』、その作成過程を検討していくと、いくつかの疑念が生じる。はたしてこの壁画が「正史」と認定できるのかという疑惑が浮かぶ。

以下、その疑問点を述べていきたいが、そのためには聖徳記念絵画館の建設経緯から述べていく必要があろう。

第2章　明治神宮および明治神宮外苑、聖徳記念絵画館建設の経緯

●明治神宮および明治神宮外苑創建の経緯

大正9年（1920）11月1日。明治神宮は明治天皇と昭憲皇太后をお祀りする社《やしろ》として代々木の地に創建された。その経緯を今泉宜子氏の「鎮座百年の年を迎えて」（『代々木』明治神宮社務所・一般財団法人明治神宮崇敬会　令和2年新年号）を参照して述べる。

明治45年（1912）7月30日午前0時43分、明治天皇崩御。45年の長きにわたった明治が終わりを告げた。後の明治神宮造営につながる動きは、この明治終焉の日からすでに始まっていた。動いたのは渋沢栄一をはじめとする東京の民間有志たちである。彼らの願いは、是非東京に明治天皇の御陵をつくりたいということだった。

しかし同年8月1日、陵墓は明治天皇自身の遺志により京都の伏見桃山に内定していることが明らかになる。そこで、有志の運動は、明治天皇を祭神とする神社建設にむけて大きく舵を切ることになった。同年8月20日、東京商業会議所に集う渋沢たちが、満場一致で可決した「覚書」とよばれる案文があり、これが在京有志によって立案された最初期の明治神宮計画案である。

内容は、神宮は内苑外苑の地域を定め、内苑は国費で、外苑は国民の献金で造営すべきというもので、この時点ですでに内外苑がセットになった青写真が描かれていたのである。

●聖徳記念絵画館建設の経緯

外苑の聖徳記念絵画館建設の経緯については、『代々木』（「明治神宮の建築」〔藤岡洋保　平成31年4月号〕）を参照して述べる。

外苑の聖徳記念絵画館は、明治天皇と昭憲皇太后の事蹟を日本画・洋画各40点ずつで示す美術館であり、神社奉祀調査会の外苑計画の中で最重要とされていた施設である。

大正7年（１９１８）にそのデザインを募集するコンペが行われた。その当選者を招いて賞金授与式を行い、応募案すべてを公開する展覧会を開いたが、これは日本のコンペ史上初のことであった。

その一等当選案（小林正紹《まさつぐ》）を一部修正して、大正8年（１９１９）から工事にかかり、大正15年（１９２６）10月に竣工した。完成までに時間を要したのは、第一次世界大戦時の物価騰貴と大正12年（１９２３）の関東大震災で工事が二度中断したからである。

実施設計は高橋貞太郎《ていたろう》で、その後を小林政一《まさいち》が引き継いだ。

建物デザインは、当時の最新のセセッション（ウィーン版のアール・ヌーヴォー）、直線や平面などの抽象的な要素を持ち、シンプルに構成したのが特徴で、天皇・皇后の記念建造物としての威容を、シンプルな造形で表現したのが注目された。

また、中央塔頂部に載るドーム型の鉄筋コンクリート・シェル構造の屋根は、当時の先進技術で、西洋にもまだ類例が少ないものだった。

これらにうかがえるのは、西洋に比肩するものをつくろうとする強い意志であり、明治神宮造営事業の開明的な姿勢を象徴するものでもあった。

第3章　聖徳記念絵画館を飾る80点の壁画決定経緯

●壁画『江戸開城談判』

聖徳記念絵画館は、平成23年（２０１１）に重要文化財に指定され、中には日本画40点、洋画40点の壁画（縦3メートル、横2・7メートル）が整然と並んでいる。

その一つに、山岡鉄舟《やまおかてっしゅう》が重要な役割を担った江戸無血開城をテーマに、画家・結城素明《ゆうきそめい》が描いた壁画『江戸開城談判』がある。

絵画館の内部空間には、80点の壁画が展示されているのであるから、「美術館」と称されてもよいと思われる。

しかし、ここはあくまでも絵画館なのである。それは成り立ちの特異性にある。

通常、美術館や博物館はコレクションが存在しており、その収蔵ほかを担う建物として社会的に要求されたという性格が存在する。

だが、聖徳記念絵画館は施設を建設しようと決定した時、まだ展示する絵画を持たず、これから制作しようという手順で進められた。そのため、美術館や博物館とはその性格が異なりそれゆえに絵画館に位置づけられるのである（「聖徳記念絵画館の美術史上の存在意義再考」〈明治神宮国際神道文化研究所『神園《かみぞの》』第15号　角田拓郎　平成28年5月〉）。

●明治天皇の肖像画

プリニウス（Plinius〔西暦23／24～79〕）の『博物誌』によると、そもそも絵画は、外国への長旅に出る恋人との別れを悲しんだコリントスの娘が、ランプの光で壁に映った恋人の影を写し取ったことに始まるという。つまり肖像表現とはその基本的な性格としてその場にいない人や死者の身代わりの意味を持つのである。

プリニウスの『博物誌』とは、ローマ帝国初期に活躍した博物学者、軍人、政治家でもあったプリニウスが著したもの。ヨーロッパの博物学のもっとも古典的な原典となったもので、各方面の専門の著作を縦横に使い、あるいは自らの実地見聞や調査によって、約2万項目におよぶ事項について解説した世界最初の百科事典である。したがって、今日でもこの『博物誌』は各分野の研究に広く参考資料として利用されている極めて貴重な文献である（『ガラスの道』由水常雄　中公文庫２０１１）。

『明治聖徳記念学会紀要復刊第11号』の「明治神宮聖徳記念絵画館について」〔林洋子　平成6年4月15日〕によると、これは明治天皇に関するさまざまな肖像表現についても、あてはめて考えることができるという。歴代天皇の中でも、〔昭和天皇を除けば〕明治天皇こそ最も多くの肖像表現が残された天皇の一人であられるからである。

その表現は次の二つのタイプに分けられる。

①天皇のご在世中に制作された「その場にいない」天皇の身代わりとしての「御真影」や絵画・版画

②崩御の後、先帝の記念、追悼のために描かれた絵画群

この②のグループを代表する作品が聖徳記念絵画館を飾る80点である。

だが、伝統的に、天皇のお姿を公の場に絵画化することがほとんどなかったわが国では、このような計画は史上初めてであり、畏れ多いとの反対もあった（貴族院でも議論を呼んだ）。

しかし、国民からの多額の寄付、そして側近たち、大正4年（1915）5月に成立した明治神宮奉賛会のメンバー（会長・徳川家達《いえさと》）の強い意思により、計画は実行に移された。

側近たちは、計画の推進役に元神戸市長の水上浩躬《みなかみひろみ》を招き、幾人かの歴史家たちを交えて構想をねった。水上はこの計画の手本として、フランスのヴェルサイユ宮殿内の『戦いの間』（1678年起工）をイメージしたと後に語った。

大正6年（1917）2月に絵画館委員が任命された。委員は子爵・金子堅太郎、子爵・藤波言忠、文学博士・三上参次、赤司鷹一郎、侯爵・徳川頼倫、正木直彦。ここに維新資料編纂委員の文学博士・萩野由之、小牧昌業、池辺善象、中原邦平を加えたものである。この中で美術関係者は東京美術学校の校長である正木直彦のみであった。実際の制作者たる画家が一切委員とならなかった

ことから推測されるように、まず画題が最優先であり、画家や画風は二の次であったことがわかる。

その後、正木の仲介により、どの派にも属さない孤高の画家で、当時あまり有名でなかった二世五姓田《ごせだ》芳柳《ほうりゅう》（１８６４～１９４３）が、画題に応じた構図の下絵を作成するよう指名を受け、これが後に画題考証図へとつながることになる。

しかし、こうした計画の進め方に対して画家たちの不満が高まり、彼らの意見が美術雑誌に掲載されるようになった。しかし、画家たちは一致した行動がとれず、計画のイニシアチブは側近や歴史家たちに掌握されたままであった。

大正８年（１９１９）秋、絵画館の建設が始まった。前述のように設計は小林正紹《まさつぐ》である。画題は大正７年１月の段階で85題と内定していたが、最終的に大正11年（１９２２）７月に80題と決定され、ここでようやく画家の選定に入った。

この計画が外部に伝わると、旧大名や企業などから奉納希望が殺到し、同時に縁故のある画家を推薦してきた。例えば徳川慶喜の孫である公爵・徳川慶光が『大政奉還』、西郷・勝両家が『江戸開城談判』の奉納を申し出た。

そこで理事会は、奉納者を画題に縁故ある者から優先的に決定することとし、画家の推薦は可能であるが、決定権は理事会が持つことにした。

画家の選定は、洋画家の黒田清輝《くろだせいき》を責任者として河合玉堂《ぎょくどう》や横山大観《たいかん》などの日本画家の意見も取り入れ、天皇が伝統世界に生きておられた前半生を日本画で、近代化する明治の後半生を洋画ということに決した。

洋画の人選は順調に進んだが、日本画の方は奉納者による画家の推薦が多く、例えば旧大名からはその藩出身の画家が推薦されたなどしたため、芸術性を追求する専門委員と理事会の間で紛糾、怒った横山大観は委員を辞任、河合玉堂、竹内栖鳳《せいほう》も手を引いてしまった。

その結果、院展系および京都系の大半を除いた画家たちによって描かれることになったが、画家の決定は遅れに遅れ、一画家が複数の作品を手掛ける事態も発生した。

日本画の小堀鞆音《ともと》が3点、近藤樵山《しょうせん》が2点、結城素明も前述した『江戸開城談判』と『内国勧業博覧会行幸啓』の2点で、全体的には若くて小粒な画家の感が免れなかった。

理事会から「壁画奉納ニ付取扱方」が公表され、絵の大きさは縦3メートル、横2・7メートルと決められた。絵画館建物に向かって右が日本画部門、左が洋画部門と決まった。絵画の制作が始まり、画家たちに、二世五姓田芳柳が準備していた画題考証図が大正10年（1921）8月に示された。

大正15年（1926）10月に絵画館が竣工。画家たちは各自の作品を納入し始めたが、しかし、足並みはそろわず、昭和7年（1932）になっても納入された作品は全体の約半数というありさまであった。

最終的に昭和11年（１９３６）４月に、岡田三郎助、和田英作、藤島武二、松岡映丘《えいきゅう》、結城素明の東京美術学校の教授陣５名が作品を搬入し、同年４月に絵画館完成式が行われた。

結果的に、大正６年（１９１７）の絵画館委員会結成（構想）から、完成式挙行の昭和11年までに約20年の歳月を要している。

一方、壁画制作は、大正10年８月に画題考証図が提示され、昭和11年にすべての壁画が搬入されたが、これまでに約15年を要している。この間に５名の画家が亡くなり、その弟子や友人に制作が引き継がれている。

結果、全作品80点は制作年代にばらつきがあるなど、統一性の乏しい作品群となった。

藤島武二は明治から昭和前半まで、日本の洋画壇において長らく指導的役割をはたしてきた重鎮で、聖徳記念絵画館の壁画『東京帝国大学行幸』（昭和11年４月）を制作している。この藤島が、弟子の児島虎次郎からきた手紙に返信

『東京帝国大学行幸』藤島武二 作
（聖徳記念絵画館所蔵）

しており、そこには《同事業は其性質上史実を重んじ、絶対自由を尊ぶ純芸術家にとりては恐れながら余り面白き仕事とも覚えず候》（前出の林氏の論文）と書いている。

なお、林氏は藤島武二について、次のように評価を下している。

《藤島の筆は進まず、この時期、最後の最後におそらく写真を元に描いたのであろう。当時の彼としては凡庸な作品である。この時期、彼の興味の中心は先の宮中よりの依頼画の制作と帝展改組問題であった。この翌年（昭和12年）、藤島は蒙古高原の日の出を描いた名作『旭日照六合』（宮内庁蔵）を完成、御所に納める。同じ帝室関係の仕事とはいえ、完成度の違いは明らかである。それは絵画館の制作がかなり限定が多かったことに比べ、宮中からの依頼画は藤島の創造性に全面的に一任されており、「絶対自由を尊ぶ純芸術家」たる藤島の心を鼓舞したのであろう》

前記した藤島の述懐にもあるように、構図を指示されるということは、創造性を制限されたわけで、当然ともいえる（下絵および画題考証図については後述する）。

もう少し聖徳記念絵画館の特徴について検討してみたい。参照するのは角田拓朗氏の「聖徳記念絵画館の美術史上の存在意義再考」（明治神宮国際神道文化研究所『神園《かみぞの》』第15号　平成28年5月）である。

角田氏は、当時の展示施設と比較したとき、絵画館は美術館というよりはむしろ明治後半に隆盛を見せたパノラマ館に類似すると述べる。

大画面絵図、建築空間内での一覧性といった特徴がパノラマ館にはあり、明治30年代の日本で流行した理由は、特に日清日露戦争などスペクタクルを現前化することにあった。その主要な担い手の一人が、壁画画題考証図を描いた二世五姓田芳柳だったことも奇妙な縁であるという。

このように聖徳記念絵画館の特徴は、ギャラリー機能を持つ絵画館であり、明治後半に隆盛をみせたパノラマ館に類似するというのだ。

では角田氏が「奇妙な縁」という二世五姓田芳柳が、画題に応じた下絵と画題考証図の描き手となった背景要因には何があったのだろうか。

これについては横田洋一氏が「明治天皇事績をめぐって――二世五姓田芳柳と岸田劉生」（『近代画説・明治美術学会誌』平成11年12月）で以下のように述べている。

《二世五姓田芳柳を絵画館の嘱託にするに当たっては明治美術会の出品以来、彼が歴史画に長けていたこと、パノラマなどで大型でドラマ性の強い作品を制作していたこと、特に明治四十四年（１９１１）農商務省の嘱託として英国に渡り、日英博覧会で日本の古代より現代に至る風俗変遷図を描いたことなどが採用の要因となったと見るのは当然であるが、最も強い要因として「天皇像を描き続けた一門の伝統を受け継ぐ二世芳柳」をあげたい》

さらに、芳柳一門の伝統については以下のように述べている。

《聖徳記念絵画館と二世五姓田芳柳との結びつきの主たる要因はいわゆる五姓田派が明治七年の初

代五姓田芳柳の「明治天皇像」以来、天皇像を描き続けたことにある》
《初代芳柳が描き、五姓田義松も皇后を描き、五姓田勇子（渡辺幽香）も父の模写であるが天皇像を描いた五姓田一門、その一門の誉れ高い正統な方法を二世は完璧に受け継いだ。昭和になっても明治天皇及びその一代記を描き続けた。昭和六年（一九三一）の二世芳柳の個展にも明治大帝の御一代記を出品している。さらに芳柳は明治天皇事績画だけの作品で関西方面を巡覧する展覧会をおこなっているというから、かつて芳柳・義松親子が浅草奥山でおこなった油絵見せ物興行に相通じるところをまだ持ち続けていた》
横田氏の論文タイトルにある岸田劉生は大正から昭和初期の洋画家である。

第4章　二世五姓田芳柳

●二世五姓田芳柳という画家

二世五姓田芳柳《ごせだほうりゅう》について知ることは、壁画全体への理解につながると考えるので、以下、角田拓朗氏の「聖徳記念絵画館の美術史上の存在意義再考」（明治神宮国際神道文化研究所『神園《かみぞの》』第15号　平成28年5月）を参照してみていきたい。

元治元年（1864）、現在の茨城県坂東市沓掛で倉持佐蔵の六男として生まれた子之吉が、後の二世五姓田芳柳である。明治11年（1878）に上京、ほどなくして当時浅草に本拠地を構えていた五姓田工房に入門したと考えられる。すぐにその素質を一門の頭領だった初代五姓田芳柳に見出されたのだろう。入門からわずか2年後には養嗣子として迎えられ、五姓田芳雄と氏名を改めた。

初代芳柳は幕末に独学に近しいかたちで技術を身につけ、明治初頭の横浜に工房を設け、西洋画の雰囲気に似せた作風を得意とした。近世絵画までには積極的に描き込まれなかった陰影を用いることで、現実再現性を重視する描写、つまり西洋絵画を模した作風で人気を博した。しかし彼が用いた画材は、現在でいうところの日本画である。当時、洋画の元祖のように宣伝していたが、現実には油彩画や水彩画などの洋画を描いたわけでない。

実際は日本画でありながら洋画技術を取り入れたというのであって、それを教授したのが、初代芳柳の次男、二世芳柳の義兄にあたる義松だった。

義松はわずか10歳で横浜居留地に住んでいたイギリス人報道画家チャールズ・ワーグマンに入門。その当時、日本国内で西洋絵画を西洋人から直接学ぶ機会を得た一人であり、さらに師の手ほどきをうけた後、自然を手本とし、またたくまに西洋人と同等の技量を身につけ、明治４年（１８７１）には横浜居留地の外国人向けに制作販売を開始しているほどになっていた。

このように五姓田派の後継者として明治20年代以降活動したのが二世芳柳で、工房自体は初代芳柳が明治25年（１８９２）に没した後は実質的に解体したが、初代芳柳が「明治天皇像」を描き、以降も天皇像を描き続け、義松も皇后を描くという、その一門の誉れ高い正統な方法を二世芳柳は完璧に受け継ぐことで、下絵と画題考証図の制作担当として選定されたと思われる。

さらに、パノラマ的大画面の制作や歴史画に秀でていたことと、当時の洋画界を二分した白馬会と太平洋美術会に属さず、トモエ会という同人組織ともいうべき小規模な集団で活動していたことも選定の理由と思われる。

つまり、二世五姓田芳柳の画界での孤立性が聖徳記念絵画館を最終的に開設することができた一因ではないかと角田氏は強調する。

また、一人の画家に一任したということにより、一貫性を保ち、一定の成果を得ることができたのだともいう。

●『関東大震災当時の宮城前本社東京支部臨時救護所の模様』

この二世五姓田芳柳が描いたパノラマ絵が、日本赤十字社東京支部（東京都新宿区大久保1丁目2番15号）の1階に展示されているということを知った。『芸術新潮』（新潮社　平成2年11月号）の記事を読み、日本赤十字社に問い合わせしたところ、同社の東京支部に掲示されていると連絡をいただいたからである。

『芸術新潮』の記事では、関東大震災の悪夢にただ逃げまどう群衆、そして救難に奔走する日赤救護班……、とある。今回の「日本赤十字社所蔵絵画展」は、同社の創立百周年（昭和52年〔1977〕）に画家有志から寄贈された現代絵画を中心とした展覧会（9月22日～10月21日　東京ステーションギャラリー）で、会場で最も異彩を放っていたのは、おそらく大正期から同社が秘蔵する二世五姓田芳柳のこの大作だった。二世五姓田芳柳は日赤特別社員で同社委嘱の絵も多いという。

そこで早速、日本赤十字社東京支部にお伺いした。1階正面入り口から入ると、広いロビーの向かい壁に大きな額に入った絵が飾られている。許可をいただき筆者が撮影した。

額の下部に「大正15年フィラデルフィア開催米国独立百年記念展覧会出品『関東大震災当時の宮城前本社東京支部臨時救護所の模様』五姓田芳柳氏画」と記されている。252・5センチメートル×317・5センチメートルの大きさ。臨場感があって迫力もある。『芸術新潮』の記事どおりである。

二世五姓田芳柳と日本赤十字社との関係について同社にお聞きすると、二世の義父である一世が幕末・明治の医学者・松本良順と親交があって、その関係で日本赤十字社四代社長、石黒忠悳氏ともつながりがあった。また二世五姓田芳柳は日赤特別社員であったため、絵画の制作を何度か依頼した。その作品のひとつがロビーに飾られたパノラマ絵である。

東京都支部1階ロビーに展示された理由は、それまで長らく日本赤十字社の本社（東京・港区芝大門）に置かれていたが、東京支部が新築され、展示場所として相応しいということで修復の上、展示されたものだという。

聖徳記念絵画館の壁画『江戸開城談判』が描かれた背景には、二世五姓田芳柳がしっかりと存在しているのである。

『関東大震災当時の宮城前本社東京支部臨時救護所の模様』著者撮影

●下絵作成に関する二つの資料

二世五姓田芳柳が、画題に応じた構図の下絵を作成し、これが画題考証図へとつながり、選ばれた画家によって壁画に描かれたことはすでに述べた。

下絵の作成に関しては二つの資料が存在するという。一つは角田拓朗氏の「聖徳記念絵画館の美術史上の存在意義再考」で述べられている「聖徳記念絵画館考証スケッチブック」（縦18・8センチメートル、横28・3センチメートル）である。これは現在個人が所蔵しているとあり、「大正7年上」と表紙に記された本帳は、48頁からなる。

このスケッチブックの描写から判明するのは、綿密に景物の詳細――形態、素材、色、数量など――を記載し、風景＝空間を把握することに主要な関心がおかれていることである。この調査段階ではいまだ画題選定も同時並行で行われていたため、第一に歴史的事実を厳密に見分け確認し、画題として相応しいか検証し、第二に絵画化するにあたり史実どおりの絵が描けるのか、さらには見合った作品が完成できるのかどうかを見定めようという二点が具体的な作業だったと推定される、と角田氏が述べる。

下絵の作成に関する二つ目の資料は「茨城県近代美術館」に保管されている「聖徳記念絵画館壁画画題考証図下絵」である。これについては青木麻理子氏の『二世五姓田芳柳作聖徳記念絵画館壁画画題考証図下絵について』（茨城県近代美術館・研究紀要10　２００３年３月）を参照して述べてみたい。

下絵がどうして茨城県近代美術館に存在しているのであろうか。本来なら聖徳記念絵画館か明治神宮に保管されていると考えるであろう。

その経緯は、二世五姓田芳柳の作品は、遺族から御寄贈いただいたものであり、寄贈者は二世五姓田芳柳の娘にあたる菱田通恵氏であるという。二世五姓田芳柳は元治元年（１８６４）に、現在の茨城県坂東市沓掛に生まれているので、娘の菱田通恵氏も茨城県に関係があり、その縁で地元の美術館に寄贈されたと推定される。

●下絵作成にあたっての経緯

茨城県近代美術館では下絵は所蔵品リストには含まれていない。そのため、筆者が訪問の上、特別申請し、保管場所から主題の壁画『江戸開城談判』に関する下絵を取り出していただいたが、何と3枚もあった。

だが、3枚は普通であろうと川井知子氏の論文が以下のように述べる。

《『美術之日本』大正九年六月号は、五姓田が壁画一題について2、3枚ずつ違った図柄の下絵を制作していたと伝える》（「明治神宮聖徳記念絵画館研究」『哲学会誌』第21号　平成9年11月　学習院大学哲学会）。

では、二世五姓田芳柳が下絵を描くため、どのような調査をしたのか。具体的には明治神宮奉賛会理事の水上浩躬《みなかみひろみ》（1861〜1932）とともに、各種の史料・資料を確認し、また各地を視察するなどの取材を行っている。

水上は、熊本で生まれ、東京大学法科を卒業後、法制局、大蔵省参事官を経て神戸、大阪、横浜の税関長を歴任。明治38年（1905）に神戸市長となった。神戸港の築港に取り組み、第一期工事を実現させた功績から「築港市長」と呼ばれた。この神戸港築港時代の大蔵大臣が阪谷芳郎で、阪谷はその後東京市長、明治神宮奉賛会理事長を務めている。

水上が明治42年（1909）に神戸市長辞任後、阪谷との縁で、大正4年（1915）、54歳の時に明治神宮奉賛会理事に就任し、絵画委員会の事務局として聖徳記念絵画館壁画作成に関する実務を取り仕切った。

その水上が、下絵の取材方法について『歴史地理』（日本歴史地理學會　大正11年1月1日）で「壁畫題選定の経過及其成果（1）」と題して以下のように述べている。

《壁畫題の選定に着手して以来已に五年半の星霜を経過し、當初より其事に當りたる予さへも、間々記憶の明瞭を缺くものあり。今に於て記留むる所なければ、他日恐らくは其由来沿革を知るに苦ま

ん、茲に選定の一段落を告げたる機會を以て、予は既往を追憶し、併せて其成果に付一言せんとす》

この後に絵画館委員の任命、二世五姓田芳柳へ委嘱などの経緯を書きつつ、下絵作成にあたっての調査について以下のように述べている。

《下絵の調整なり、是は前項説明書に依るは勿論なれども、現場視察も亦忽諸《こっしょ》（軽んじること）に付すべからず、特に京都御所の内容は一般畫家の想像を容さゞるものあれば、其年五月藤波子先達の下に、予は五姓田氏及帝室編修官補上野竹次郎氏と共に、京都の内外を巡視せり。其間御所及二條城の内部までも描写撮影を許されしは、一に藤波子の斡旋の賜なり、一行は其序を以て熱田、半田、畝傍《うねび》、大阪、廣島、馬關等を巡視せり。次で六月には予は五姓田氏と共に富岡、院内、盛岡、白老、札幌を巡見せり。此西東繪行脚中畫伯の手帖は、幾多の題材を以て充たされたりき。斯くて下絵の大部分は一旦調製せられたり》

この記述からは、充実した取材であった様子が読み取れる。

《又現場視察として小委員一行は、八年七月に日光田母澤御用邸を、次て宮城を、九年三月に吹上御苑を、四月に青山御所及赤坂御苑を拝観し、恐れ多くも描写撮影を遂げ、又其前後東京市内の関係地に巡視せり》

《予及畫伯の二人同伴視察を擧ぐれば、八年十月に鹿児島、熊本、長崎を、九年五月に下総習志野原を巡見せり》

東京市内へは、何度となく視察を繰り返し、また、画題に関係するさまざまな名家へは、数十回の訪問を重ねたという。

角田拓朗氏も「聖徳記念絵画館の美術史上の存在意義再考」で次のように書いている。

《大正七年五月十三日付『大阪毎日新聞』「明治天皇御治蹟《ママ》　絵巻物　製作の議あり　旧天保山の視察」から明らかとなる。関係部分を抜粋しょう。

「明治天皇御治蹟《ママ》に関する絵画下図製作について滞洛中の藤波奉賛会委員、水上同理事、上野同嘱託及び同画伯の四氏一行は十三日を以て一先御所の調査終り十四日は二條離宮、十五日は葵祭、十六日は伏見鳥羽戦争の遺蹟、十七日は大和畝傍山の調査を行ひ更に先帝が大阪行幸の昔を偲び奉るべく旧天保山辺の視察を為して帰京の予定あり」》

以上の取材の充実さを推察すれば、あくまでも国家プロジェクトの一員として二世五姓田芳柳が働いていたといえるであろう。

●『江戸開城談判』の下絵は3枚

前出の青木麻理子氏の『二世五姓田芳柳作聖徳記念絵画館壁画画題考証図下絵について』に当初案「大正7年1月の85題」と、最終案「大正10年1月の80題」の下絵画題が「表1」（次頁）とし

画題の変遷及び下絵の画題（一部）

	大正７年１月	大正10年１月
1	御参内始　※１	御降誕　※３
2	御深曾木	御深曾木
3	皇儲治定親王宣下	立親王宣下
4	踐祚吉書奏	踐祚
5	大政奉還二條城會同	大政奉還（二條城）
6	王政復古大號令渙發　※１	王政復古（小御所）
7	王政復古小御所會議	伏見鳥羽戰
8	伏見鳥羽戰	御元服
9	御元服	二條城太政官代行幸
10	二條城太政官代行幸	大總督熾仁親王京都御進發
11	大總督熾仁親王京都御進發	各國公使召見
12	各國公使召見	五箇條御誓文
13	五ヶ條御誓文	江戸開城談判
14	江戸開城談判	大阪行幸諸藩軍艦
15	大阪行幸天保山沖軍艦御覧	即位禮
16	江戸城受取　※１	農民収穫御覧
17	卽位禮	東京御著輦

（※１と印字されているのが、当初案「大正７年１月の85題」から取り止めされたもの。※３と印字されたものは大正10年１月に新たに加わった画題　出典：二世五姓田芳柳作聖徳記念絵画館壁画画題考証図下絵について）

て掲示されている（表は17までの下絵画題を示した）。

当初案85題から最終案80題への変更は、『御参内始』、『王政復古大号令煥発』、『江戸城受取』、『三條邸行幸』、『横須賀造船所行幸啓』、『軍旗親授』、『立憲政體ノ勅諭』、『日清役威海衛陥落』の8件を取り止め、壁画1『御降誕』、23の『中国西國巡行長崎御入港』、39の『能楽御覧』の追加である。

青木麻理子氏は、下絵数は59点でデッサンまたは水彩画であり、紙両面に描いているものが多く、実際には、走り書きのようなものを含めると82図となる

下絵①「江戸開城（玄関前）」（茨城県近代美術館蔵）

下絵②「江戸開城」（茨城県近代美術館蔵）

と述べ、描かれたであろう下絵全部ではないと断わりつつ、以下の説明を加える。

　下絵は2種の大きさに分かれる。大きい方は約31センチメートル×（41〜48センチメートル）横長で、小さい方が約31センチメートル×24センチメートル縦長となる。

ほとんどが鉛筆あるいは墨で四角い枠が書かれ、その中に鉛筆と水彩絵の具で描くという方法がとられている。

ここで13『江戸開城談判』として描かれた下絵３枚について、１枚ごとに検討してみる。

下絵③ 画題無記名（茨城県近代美術館蔵）

下絵③ 上の拡大
（茨城県近代美術館蔵）

下絵①。「江戸開城（玄関前）」と、絵の上段枠外に書かれた水彩画下絵。その他にも欄外に文字が手書きで書かれている。左側の上段に版下数字のよ

下絵③の紙裏に描かれた絵（茨城県近代美術館蔵）

うな「一六」、左側真ん中あたりに「よし」、左側下段には「小訂正を要す」とあり、その下に「水上」と印判が赤で押されている。下段にはある人物から棒線を引いて「此人羽織袴ニアラズ　カミシモナルベシ」と書いてある。右側の文字は判読不明。「水上」とは明治神宮奉賛会理事の水上浩躬と思われる。

下絵②。「江戸開城」と、絵の上段枠外に書かれた水彩画下絵。左側の上段に版下数字のような「一六」は赤字棒線が縦に引かれている。その下は「よし」と書かれているが消されている。右上段には「十三ノ三」と赤字で書かれ、下段の右側からは「若年寄　大久保一翁」「柳原」「橋本」「田安中納言」「西郷其他」とある。

下絵③。画題無記名の水彩画下絵。この絵には枠外に文字が一つもない。

下絵②の「江戸開城」が描かれた紙裏にはデッサン下絵があり、欄外上段に「大喪　葬場殿」と書かれている。青木氏は、これは聖徳記念絵画館壁画の80番目に掲示されている『大葬』（和田三造画）の下絵であると断定している。

両面に描かれたものがもう1枚、③の題名「無記名」が描かれた紙裏に描かれている。これも題名無記名となっているが、青木氏は「馬匹御覧」と指摘し、聖徳記念絵画館壁画の35番目掲示『奥羽巡幸馬匹御覧』（根上富治画）の下絵と述べる。ただし、このデッサンは非常に薄い鉛筆描きで、この紙面では紹介できないほど不鮮明である。

第5章　『江戸開城談判』の画題考証図

●画題考証図の決定経緯

大正10年（1921）8月、画家たちに二世五姓田芳柳が準備していた画題考証図が示された。このことは『明治神宮叢書　第二十巻　図録編』（平成12年11月1日）の「三、壁画画題考証図」に以下のように明記されている。

《序文

絵画館委員会ハ四年有余ニ亙リ博ク索メ深ク究メ慎重ナル審議ヲ遂ケテ壁画々題及解説、考証図ヲ撰定シタリ之ヲ通覧スルニ殆ト遺憾ナキカ如シト雖モ苟モ事乾徳坤徳ニ関ス鄭重ナル上ニモ鄭重ヲ加ヘサルヘカラス今仮ニ印刷シテ実歴者及有識家ノ批判ヲ仰キ力缺漏ナカラムコト期ス

大正十年八月

明治神宮奉賛会》

《画題選定の方針

一、画題ノ選定ハ明治天皇御事歴ノ梗概ヲ掲ケテ盛徳大業ヲ奉頌シ併セテ皇后宮ノ坤徳ヲ顕揚スルヲ目的トセリ

一、事項ノ性質ニ依リテハ之ヲ正面ヨリ描クヨリモ寧ロ側面ヨリ写ス方却テ能ク其真相ヲ現ハスニ適スルモノアリ故ニ御身辺ニ接触セサル画題モ亦少ナカラス

一、史実ヨリ見レハ甚タ重大ナル事項ナルモ絵画トシテハ其題材ヲ取リ難キニヨリ已ムコトヲ得ス之ヲ省略セルモノアリ》

『明治神宮叢書　第二十巻　図録編』の「三、壁画画題考証図」に掲示されている⑬『江戸開城談判』（明治神宮所蔵）

『明治神宮叢書　第二十巻　図録編』の「三、壁画画題考証図」に掲示されている⑬『江戸開城談判』（芝田町薩摩邸）の画題考証図を上に示した。

　また、この⑬江戸開城談判画題考証図について、『明治神宮叢書　第二十巻　図録編』の「三、壁画画題考証図」に次のように書かれている。

《⑬　江戸開城談判

（芝田町薩藩邸）明治元年三月十四日

明治元年三月東海、東山、北陸三道ノ官軍将ニ進ミテ江戸ニ迫ラントス。徳川慶喜ハ伏見鳥羽ノ一戦ニ賊名ヲ負ヒタルヲ悔イ、急遽大坂城ヲ脱出シテ江戸ニ来リ、東叡山ニ退キテ一向ニ恭順ノ意ヲ表セリ。是ニ於テ勝麟太郎、大久保一翁此ノ間ニ立チテ百方斡旋ニ努メ、又山岡鉄太郎ハ麟太郎等ノ意ヲ承ケテ、大総督宮ニ慶喜ノ真意ヲ言上セン為駿府ニ赴キ、参謀西郷吉之助ト会シ、恭順ノ事実ヲ陳ベテ寛大ノ処置アランコトヲ求ム。吉之助大ニ其ノ意ヲ諒トス。後官軍進ミテ江戸ニ入ルヤ、三月十四日（太陽暦四月六日）麟太郎ハ更ニ芝田町ノ薩藩邸ニ吉之助ト会シ、重ネテ慶喜ノ素志ヲ陳べ、江戸市民ヲ戦乱ノ惨禍ヨリ救ハンコトヲ求ム。是ニ於テ双方ノ意旨疏通シ、江戸城進撃ノ中止トナリ、平和ノ間ニ徳川氏処分ト江戸城授受トヲ了スルニ至レリ》

画題考証図としては下絵①の「江戸開城（玄関前）」と、下絵②の「江戸開城」は採用されず、下絵③の「画題無記名」が選定された。また、下絵の薩摩屋敷建物をカットし、部屋内で対峙する海舟と西郷を抜き取って、題名を『江戸開城談判』とし、二世五姓田芳柳が画題考証図を描いたのである。

その理由は何か。明治神宮奉賛会理事で、事務局として聖徳記念絵画館壁画作成に関する実務を取り仕切った水上浩躬は「壁畫題選定の経過及其成果（2）」（『歴史地理』（日本歴史地理學會　大正11年2月1日）で次のように述べている。

最初は壁画の種別についてである。

《成案は「御降誕」に始まりて「大葬」に終る八十題を含むものにして之を種類別とすれば即ち大政・外交・軍事の三種に属するもの実に三十九題即ち約半数を占め、宮廷・敬神・愛民・教育・徳行・文事・慈善・勧業・財政・交通の十種を以て、漸く他の半数四十一題を領するに過ぎず》

と述べ、『江戸開城談判』は上記種別の「大政」に組み込まれていると整理し、次に、「江戸開城」が選ばれなかった理由を次のように述べている。

《正面より描写するときは余り表面的に流れ、側面より描写する方却て其眞相を現はすに妙なるものあり、斯る畫題は御身邊の遠近に拘はらず側面描写に據《よ》れり、大政奉還に関し奏聞嘉納の場を捨て、二條大広間の場を取り、江戸開城に関し江戸明渡の場を排して、薩摩邸談判の場を擇《えら》みしが如きは、其例の顕著なるものなり》

この文章が前述した『明治神宮叢書　第二十巻　図録編』の「三、壁画画題考証図」に「画題選定の方針」として、同様の記述がなされている。

西郷と勝の対面場面の方がわかりやすいから採用したのだと解釈し、理解するならば、これは「フィクション」になるのではなかろうか。

また、水上の判断によって下絵③が選定されたということは、史実との関連において、妥当性が問われる可能性も残るのではないか。

川井知子氏は「明治神宮聖徳記念絵画館研究」（『哲学会誌』第21号　学習院大学哲学会　平成９年11月）で《絵画館の造営の背景に「歴史」を作ろうという動機があった》と指摘し、こう述べている。

《断片的な細部の合成によって、壁画全体――フィクションを、ノンフィクションとして成り立た

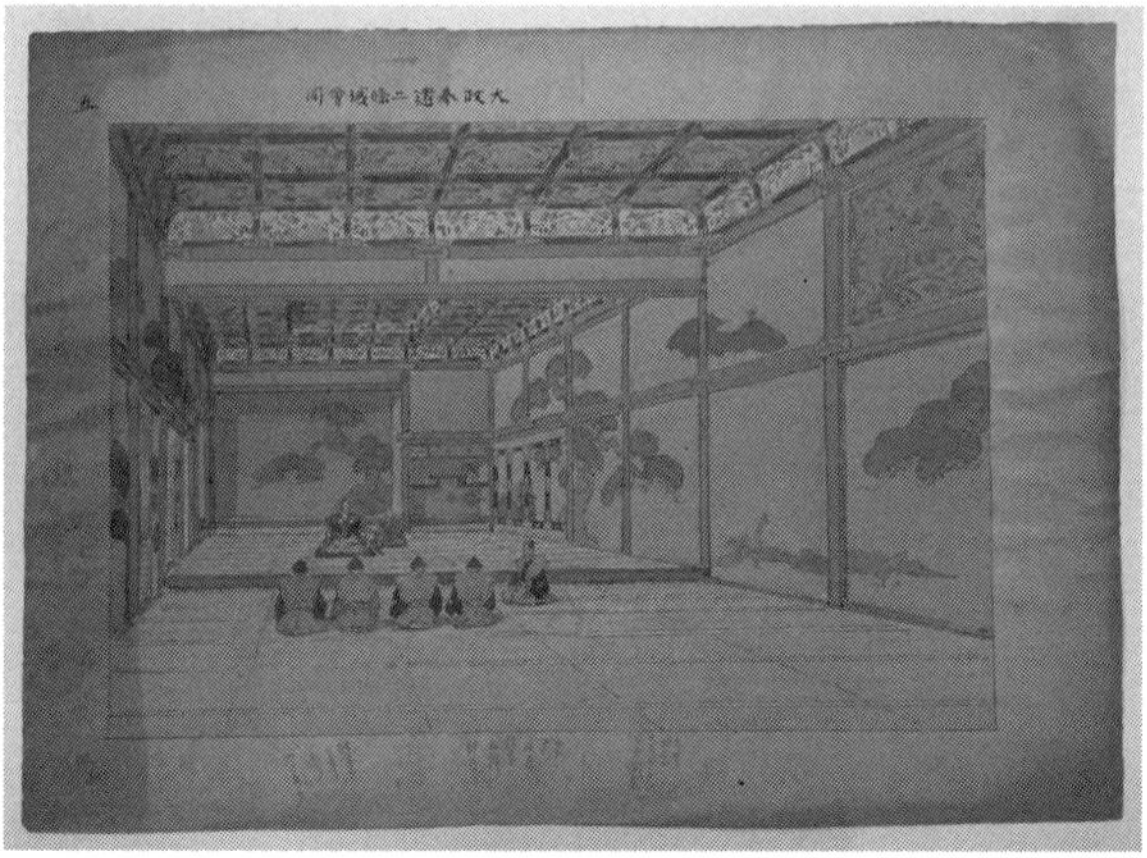

『大政奉還二條城會同』と題した下絵（茨城県近代美術館蔵）

『大政奉還』邨田丹陵 作
（聖徳記念絵画館所蔵）

せようとする制作方法である。フィクションをノンフィクションらしく成立させる拠り所となったのが、写真であり、種々の「実物」であり、出来事の再現であった》

この川井氏の指摘を受け入れるならば、確かに慶應4年3月14日に薩摩邸で西郷と勝が会見したことは事実としての「出来事」であるから、この会見があったことはノンフィクションであるが、描写は想像による「断片的な細部の合成」でフィクションと判断できよう。

ここで参考までに水上が述べる《大政奉還に関し奏聞嘉納の場を捨てて二條大広間の場を取り》についての下絵と壁画を比べてみたい。

前頁の上が茨城県近代美術館所蔵の『大政奉還二條城會同』と題した二世五姓田芳柳の描いた下絵である。

ここにもいくつかのメモ書きがあるが、判然としない。左上に「五」とあり、これは壁画の順番号であり、左下に赤く「水上」の判が押されている。

これが壁画５番の『大政奉還』（邨田丹陵画）では前頁の下のようになっている。

水上が述べるように、側面描写によって見やすい絵姿となっていることがわかる。

だが水上が述べる《正面より描写するときは余り表面的に流れ、側面より描写する方却て其真相を現はすに妙なるものあり、斷る畫題は御身邊の遠近に拘はらず側面描写に據《よ》れり、江戸開城に関し江戸明渡の場を排して、薩摩邸談判の場を擇《えら》みし》という文言説明がなされているが、これをもって西郷と勝の薩摩邸での談判会見場面の方が《真相を現はすに妙なるものあり》という解釈は苦しいのではないか。

この水上による文言表現は、「江戸開城」から『江戸開城談判』へと主題を変えたことを述べているのであって、「江戸開城」の《真相を現はすに妙なるものあり》とはとても思えない。

「江戸開城」を壁画として描くならば、史料から考え、下絵①「江戸開城（玄関前）」と、下絵②「江戸開城」が妥当なことは当然であるが、水上は「江戸開城」の事実確認をとらず、そこに至る一連の流れ史実のひとつである「西郷と勝の薩摩邸での会見場面」を採択したのではないか。

つまり、水上の判断は「江戸開城」そのものを壁画から抹殺したことにつながるだろう。

さらに指摘したいのは、この西郷と勝の薩摩邸会見に、山岡鉄舟が同席していたことを無視していることである。山岡鉄舟の直筆『慶応戊辰三月駿府大総督府ニ於テ西郷隆盛氏ト談判筆記』（明治15年3月　山岡鉄太郎誌『鉄舟居士の真面目』全生庵）に、

《高輪薩摩邸ニ於テ西郷氏ニ、勝安房ト余ト相会シ》

と明確に記されている。

何故に鉄舟が同席していたのか。これについても同『談判筆記』で説明している。

《徳川家ノ兵士議論百端殺気云フ可ラザルノ秋《とき》、若シ西郷氏ヲ途中ニ殺サント謀ル者アラバ、余前約ニ対シ甚ダ之ヲ恥ヅ、萬一不慮ノ変アル時ハ、西郷氏ト共ニ死セント心ニ盟《ちかい》テ護送セリ》

つまり、西郷の警備のため、この時期はいつも西郷の傍らにいたのである。

このように水上の判断で変更されたのであるが、下絵作者の二世五姓田芳柳としては忸怩たるものがあったのではなかろうか。江戸開城の下絵③に題名をつけず「画題無記名」としたのも、そのような気持ちの表れだったのではないか。

そう推測する根拠として、二世五姓田芳柳が、子供向け絵本として制作した『明治天皇御絵巻』

（大日本雄弁会講談社刊　昭和12年11月）を挙げたい。この絵本は後に『二世五姓田芳柳の世界』（古河歴史博物館　平成24年3月）として刊行されたが、その中に『明治天皇御絵巻』35点の絵が掲載されている。そのほとんどが聖徳記念絵画館の壁画考証図と同じだが、『江戸開城談判』は選ばず、あえて下絵①に似た絵柄で描いた『江戸城受取』を採用しているからである。

●画題考証図のタイトルを『江戸開城談判』と「談判」にした妥当性

（1）勝海舟『慶応四戊辰日記』慶応4年3月14日

慶応4年3月14日の『慶応四戊辰日記』で、海舟は以下のように記している。

《十四日

同所に出張、西郷へ面会す。諸有司之嘆願書を渡す。

第一ケ条　隠居之上、水戸表へ慎罷在《つつしみまかりあり》候様仕度事。

第二ケ条　城明渡《あけわたし》之儀は、手続取計候上、即日田安《たやす》へ御預け相成候様仕度事。

第三ケ条、第四ケ条

軍艦、軍器之儀は、不レ残取収め置、追《おっ》て寛典之御所置被二仰付一候節、

相当之員数相残し、其余は御引渡申上候様仕度事。

第五ケ条　城内住居之家臣共、城外へ引移、慎罷在候様仕度事。
第六ケ条　慶喜妄挙を助け候者共之儀は、格別之御憐憫《れんびん》を以て、御寛典に被《なし》二成下《くだされ》一、一
命に拘《かかわ》り候様之儀レ之様仕度事。
但、万石以上之儀は、本文御寛典之廉《かど》にて、朝威を以被二　仰付一候様仕
度候事。
第七ケ条　士民鎮定之儀は、精々行届《せいぜいいきとどき》候様可レ仕、万一暴挙いたし候者有レ之、手に余り
候はゞ、其節改て相願可レ申間、官軍を以後鎮圧被レ下候仕度事。
右之通《とおり》、屹度為二取計《きっととりはからわせ》一可レ申、尤、寛典御処所（「処置」とあるべきところ）之次第、前以《まえもって》相伺候へば士民鎮圧之都合にも相成候儀に付、右之辺御亮察被二成下一、御寛典之御処置之趣、為二心得《こころえのため》一伺置度候事》（『勝海舟全集1』講談社　昭和51年9月）

上記の文言を口語体に書き直せば以下のようになるだろう（『江戸開城』海音寺潮五郎　新潮文庫　昭和62年11月）。

一、慶喜は隠居の上、水戸表へ慎みまかりあるようにしていただきとうございます。
二、城の明け渡しのことについては、手続きがすんだら、即日田安家へお預け下さるようにしていただきとうございます。
三、四、軍艦・軍器のことについては、のこらず取納めておきまして、追って寛典のご処置を仰

せつけられます節に、相当の員数をのこして、その余をお引き渡しいたすようにしていただきとうございます。

五、城内に住居している家臣共は城外へ引きうつり、慎みまかりあるようにいたしとうございます。

六、伏見・鳥羽において慶喜の妄挙を助けました者共のことにつきましては、格別のご憐憫《れんびん》をもって、ご寛典になし下され、一命にかかわるようなことはないようにしていただきとうございます。

但し万石以上の者（大名）も、別格のご寛典を本則として、朝裁をもって仰せつけられるようにしていただきとうございます。

七、士民を鎮圧することは精々行きとどくようにいたします。万一暴挙いたす者があって、手にあまります時には、その節、改めてお願い申しますれば、官軍をもってご鎮圧下さるようにしていただきとうございます。

右の通り、きびしく取計らいをいたすでございましょう。もっとも、寛典のご処置の次第を前もってお伺いしておきますれば、士民鎮圧の便宜にもなりますから、その辺をご高察下さいまして、ご寛典の趣きを心得のために伺いおきたくございます。

勝海舟『慶応四戊辰日記』慶応4年3月14日については、『定説の検証「江戸無血開城」の真実』（水

野靖夫　ブイツーソリューション　２０２１年６月30日）において、水野氏が各条件を論理的によく整理されておられるので、その２０５～２０７頁を引用紹介させていただく。

《この嘆願を西郷の提示条件と簡略化し比較すると下記の表のとおりである。

①の「慶喜の処置」については「駿府談判」で西郷が請け合い決定している。西郷一任ではあるが、備前お預けを撤回したということは、少なくとも新政府側（敵方）に身柄を引き渡すことはないと請け合ったことを意味する。後述するが、西郷は「慶喜は謹慎するというならどこに謹慎しても構わない。上野であろうがどこでもご勝手に」と言っているように、「江戸嘆願」において勝が西郷を説得して勝ち取った条件ではない。それどころか、『海舟日記』はもちろん『氷川清話』等、勝が記述したり語ったりしたものの中に、嘆願書の条件に記載されている以外に慶喜の処分についての記述は一切ない。

嘆願内容一覧

	西郷が提示した条件	徳川方が嘆願した緩和条件
①慶喜	備前お預け⇒撤回（西郷一任）	○水戸謹慎
②城	引き渡し	田安家へ預ける
③軍艦	引き渡し	必要分残し、残余引き渡し
④武器	引き渡し	必要分残し、残余引き渡し
⑤家臣	向島移住	城外移住
⑥鳥羽伏見	厳罰	処罰緩和
⑦治安維持	徳川で	受諾

⑦も西郷の条件を徳川方が受け入れているので、これも嘆願の対象外。

結局、徳川方の嘆願は②～⑥の五ケ条である。このうち重要なのは②～④の三条件で、⑤⑥はマイナーな条件であるが、これらは受け入れられたのか。少なくとも西郷は請け合ってはおらず、自分の一存では決することは出来ないと、駿府へ持ち帰るのである。しかし駿府でも慶喜の処置は朝命の撤回であり大総督も決定できず、西郷は京都に帰り朝廷で決裁を得ることになる。「京都朝議」での決定内容は詳述するが、結論は、重要条件の嘆願は拒否され、「江戸嘆願」は失敗であった》

『定説の検証「江戸無血開城」の真実』で、水野氏は「七．京都朝議」３１６～３２３頁において詳述する。紹介させていただく。

《七　京都朝議――「駿府談判」の結果承認――

（1）西郷は朝廷の強硬派説得に苦労

西郷が京都に帰った理由について考察する。重複を厭わずその部分だけ『海舟日記』を引用する。

［史料1］西郷に権限なし（『海舟日記』３月14日条）

西郷申て云く、「我壱人今日是等を決する不能。乞ふ、明日出立、督府へ言上すべし。亦、明日侵撃之令あれども」といつて、左右之隊長に令し、従容として別れ去る。

西郷が決定できなかった理由は、再三述べたように西郷には「権限」がなかったからである。「権限」とは「慶喜の処置」についての権限である。つまり慶喜の水戸謹慎は、慶喜追討の朝命を撤回することであり、西郷は「督府へ言上すべし」と言ったが、大総督有栖川宮にも権限外のことで、朝廷の決裁を得るため急遽京都まで帰ったのである。

三月二十日朝議（三職会議）にかけられた。三条実美・岩倉具視・大久保利通・木戸孝允らが出席した。

実は京都に戻った西郷が、朝議においてどのような発言をしたかの記録は残っていない。しかし噂話は伝わっており、松平慶永の家臣中根雪江は『戊辰日記』に、せっかく江戸でうまく決着をつけたのに、京都においては強硬論があり、西郷が困窮したと書いている。また同書には、西郷が慶喜の助命を言い出し、それを木戸が側面援助したと書かれている。

［史料2］京都で西郷苦戦（中根が山内容堂から聞いた『戊辰日記』三月廿二日条300）

十三日於江戸表大久保勝両氏と応接有之。両氏より御謹慎之実跡は函嶺以東へ入兵有之而も毫も抗拒之景況無之、又数隻之軍艦あれとも一処に碇泊して動かさる等之事を説得して、恰好之談に相成、上京之処、於此表は何処迄も押詰候様との指揮にて、西郷も困窮、不平之意味有之

由也

［史料３］木戸孝允の応援（山内容堂と松平慶永の密談『戊辰日記』四月十二日条　３１９）

西郷去月十九日俄然として上京して東都之御処分を謀るに逢ふ。三条岩倉並顧問之輩参朝して共議に及ふ。此時吉之助、徳川公大逆といへとも死一等を宥むへき歟之語気ある故、準一郎（木戸孝允）其機に投し、大議論を発し、寛典を弁明し十分之尽力に而、箇条書等も出来せり。徳川公免死之幸福は準一之功多に居るとそ。

（２）朝廷は、西郷が鉄舟に譲歩した慶喜の処分以外は拒否

「京都朝議」で議論の末、決定した以下の条件が（城の処置は大総督府に一任）、四月四日に江戸城において新政府側から徳川方に提示された。提示というより命令である。条件の後に以下のようにわざわざ「復活折衝は受け付けない」と明記されている。

［史料４］新政府の正式決定（『海舟日記』四月四日条）

右限日、既に寛仮〔寛大〕に候上は、更に歎願哀訴等、断然不被聞食、恩威両立、確乎不抜之叡慮に候。速拝膺、不可有異議者也。

この前に、嘆願に対する、新政府の正式決定・回答が記載されているが、原文は省略し、以下に嘆願と比較した一覧表を次頁に示す。

「新政府の正式決定」、すなわち西郷・勝の「江戸嘆願」の成果はどうであったか、以下に個別に検討する。

（ア）慶喜の処置は承認

①の慶喜の備前藩お預けが、水戸謹慎となり徳川の要望が通った。しかし、「慶喜の処置」は、すでに「駿府談判」で確定していた。西郷一任ということで、備前藩お預けはなくなった。つまり敵方の手に渡すことはなくなり、助命は認められていたのである。西郷一任とは、当然「備前藩お預け」より軽い処分とすることを確約したことであり、それが「江戸嘆願」で、水戸謹慎を提案（嘆願）しただけである。西郷は「謹慎さえするなら、どこでもご勝手に」と言っている。これは勝が西郷から勝ち取った条件緩和ではない。すなわち「江戸嘆願」の成果ではない。なお、慶喜に極刑（死罪）

を科さないことは「京都朝議」で初めて正式に決定した。

（イ）城明け渡し先は藩内佐幕派を大量惨殺した尾張藩

②の城の預け先であるが、田安家は御三卿の一つであり、実質徳川宗家と同じであるが、尾張藩はそうではない。御三家の一つであるから、田安家と同じと思ったら大間違いである。尾張藩の当主徳川慶勝は、御三家でありながら早々に新政府側に寝返り、他藩に新政府側に付くよう働きかけているのである。慶勝は新政府側に寝返る際、藩内の佐幕派家臣を大量に処分している。「姦徒誅戮」したとする「青松葉事件」である。

一月二〇日、家老の渡辺新左衛門他二名を切腹ではなく斬殺した。続いて二一日四名、二三日二名、二五日五名、合計一四名が姦徒としていずれも断首された。つまり城の明け渡し先は、「御三卿ではなく御三家」などという生やさしいものではなかったのである。

嘆願と新政府正式決定（①は「江戸嘆願」の成果ではない。⑦は嘆願の対象外）

	徳川方の緩和嘆願	新政府の最終・正式決定
①慶喜	水戸謹慎	○承認
②城	田安家へ預ける	×尾張藩へ預ける
③軍艦	必要分残し、残余引き渡し	×いったん全部接収、後に必要分返還
④武器	必要分残し、残余引渡し	×いったん全部接収、後に必要分返還
⑤家臣	城外移住	○承認
⑥鳥羽伏見	処罰緩和	○承認
⑦治安維持	受諾	

［史料5］尾張藩の親徳川派家臣の処分（青松葉事件）

> 因而同（一月）十五日京を発し、同廿日国城ニ入、直ニ老臣等を会し、前条之件々詰問。確証を得、即時大義滅親之令を降し、以て左之三人を斬ニ処す。
>
> 家老列　渡辺新左衛門
> 大番頭　榊原勘解由
> 馬廻頭格　石川内蔵允
>
> 自余追日斬ニ処する事左の如し。
>
> 廿一日（略　四名）
> 廿三日（略　二名）
> 廿五日（略　五名）
>
> 右之通断首之上、新左衛門始家族家来ハ夫々家臣之内へ預ケ置、各禁錮せしむ。

（ウ）軍艦・武器引き渡しは「武装解除」

③④の軍艦・兵器も、すべて接収して、家名存続に伴い石高決定後、相当分を戻すというもので、

当初全部接収であったから、嘆願がある程度認められたと思うのは大間違いである。松浦玲氏は嘆願を「対案」と呼び、当初提示条件と嘆願の「中を採った」という。

［資料６］中を採った（松浦玲　３７０）

大総督府の原案では、軍艦・武器を全て接収するというのみで一部を徳川に返すとは明言されていなかったのだから、これは原案と対案の中を採ったのである

これについて原口清氏は「政府の手で行うのと徳川の手で行うのとは大きなちがいがある」と厳しくみている。

いったんすべてを接収するということは、いわゆる「武装解除」である。「武装解除」されてしまえば、たとえ約束を守らず一部返還されなくとも、もはや抵抗はできない。敗者にとって極めて厳しく、かつ危険なものである。徳川方の軍艦は新政府に比べ数段優れていたから、これらを一部手元に残し、いざという場合の抵抗力を温存しておこうという徳川の目論見は粉砕されてしまったのである。

（エ）承認はマイナー条件のみ

「江戸嘆願」で受け入れられたのは、⑤家臣の退去、⑥鳥羽・伏見の戦いの責任者の助命（万石以上は別扱い）という、降伏条件としてはマイナーなものに過ぎない。
⑦の治安の維持は、新政府の条件を徳川が受け入れており、条件緩和折衝の対象ではないので、最終回答では触れられていない。初めから新政府が行うという説もあるが、徳川方で行い、手に余れば新政府が引き受けるというのが正しい。現にそのような結果になった。
そして三日後の四月七日、徳川方はこれを受入れ、請書を提出した。

結局「江戸嘆願」は失敗であった》

このように水野氏は明快に整理し、《「江戸嘆願」は失敗であった》と断定されているように、これでは「談判」とはいえないだろう。

したがって、「嘆願」とタイトル化するのが妥当ではないかと思われるが、画題考証図では、『江戸開城談判』と「談判」をタイトル化している。

「嘆願」とは、『新明解国語辞典』（三省堂）では「普通では実現出来ないことを、特に事情を話してぜひともそうしてくれと頼むこと」と記され、「談判」は「要求を押し通すために、相手と話し合うこと。かけあい」とある。

「嘆願」と「談判」では明らかに意味合いが異なる。

『慶応四戊辰日記』の文言を、そのとおり理解するならば「嘆願」である。

しかし、あえて海舟の立場になって考えてみると、「嘆願」という文言を使いつつ、実は「お願い・談判」という「心境」で、西郷と話し合ったとも推測できる。

このように考えた場合、海舟が3月14日に具体的にどのような文言を要して「話し合いをして、かけあったのか」という内容を、海舟はどの資料も記録していないので、実証的に明確にできないが、海舟は「嘆願」と書きつつも、心中では「談判」と思っていたのではないか、このように推測もできないこともない。

後述するが、それを意味するものとして、『氷川清話』の内容が合致する。

●山岡鉄舟の直筆『西郷隆盛氏ト談判筆記』

徳川側が慶応4年3月14日に、「諸有司嘆願書」を提出するためには、それ以前に官軍から「恭順降伏条件」が示されていたはずである。

そのとおりで、慶応4年3月9日に駿府で山岡鉄舟が西郷と会見・談判し、その場で江戸開城の条件を引き出しているのである。

その経緯が、山岡鉄舟の直筆『西郷隆盛氏ト談判筆記』（『鉄舟居士の真面目』全生庵）に次のように記されている。

《晝夜兼行駿府ニ到着。伝馬町某家ヲ旅営トセル。大総督府下参謀西郷吉之助方ニ行キテ面謁ヲ乞フ。同氏異議ナク対面ス。余西郷氏ノ名ヲ聞事久シ。然レドモ曽テ一面識ナシ。

西郷氏ニ問曰。先生此度朝敵征討ノ御旨意ハ。是非ヲ論ゼズ進撃セラル丶ルカ。我徳川家ニモ多数ノ兵士アリ。是非ニカ丶ハラズ進軍トアルトキハ。主人徳川慶喜。東叡山菩提寺ニ恭順謹慎致シ居リ。家士共ニ厚ク説諭スト雖ドモ。終ニハ鎮撫行届カズ。或ハ朝意ニ背キ。又ハ脱走不軌ヲ計ル者多カラン。左スレバ主人徳川慶喜ハ。公正無二ノ赤心。君臣ノ大義ヲ重ンズルモ。朝廷へ徹セズ。余其ノ事ヲ嘆キ。大総督宮へ此事ヲ言上シ。慶喜ノ赤心ヲ達セン為メ。是迄参リシナリト。

西郷氏曰。最早甲州ニテ兵端ヲ開シ旨注進アリ。先生ノ言フトコロトハ相違ナリト云フ。

余曰夫ハ脱走ノ兵ノナス所ナリ。縦令兵端開キタリトテ何ノ子細モナシト云ヒケレバ。

西郷氏曰。夫ナレバヨシトテ後ヲ問ハズ。

余曰先生ニ於テハ。戦ヲ何途迄モ望マレ。人ヲ殺スヲ専一トセラル丶カ。夫デハ王師トハ云ヒ難シ。天子ハ民ノ父母ナリ。理非ヲ明ラカニスルヲ以テ王師トスト。

西郷氏曰。唯進撃ヲ好ムニアラズ。恭順ノ実効サへ立テバ。寛典ノ御所置アラン。

余曰。其実効ト云フハ如何ナル事ゾ。勿論慶喜ニ於テハ。朝命ハ背カザルナリ。

西郷氏曰。先日静閑院宮　天璋院殿ノ使者来リ。慶喜殿恭順謹慎ノ事嘆願スト雖モ。只恐懼シテ更ニ条理分ラズ。空ク立戻リタリ。先生是迄出張江戸ノ事情モ判然シ。大ニ都合ヨロシ。右ノ趣大総督宮へ言上可致。此所ニ扣へ居ルベシトテ。宮へ伺候ス。暫クアリテ西郷氏帰営シ。宮ヨリ五箇條ノ御書御下ゲ有タリ。其文ニ曰。


一城ヲ明渡ス事。

一城中ノ人数ヲ向島へ移ス事。

一兵器ヲ渡ス事。

一軍艦ヲ渡ス事。

一徳川慶喜ヲ備前へ預ル事。


西郷氏曰。右の五ヶ條実効相立上ハ。徳川家寛典ノ御処置モ可有之ト。

余曰謹デ承リタリ。然レドモ右五ヶ條ノ内ニ於テ、一ヶ條ハ拙者ニ於テ何分ニモ御請難致旨有之候。

西郷氏曰夫ハ何ノ箇条ナルカ。

余曰主人慶喜ヲ独リ備前へ預ル事。決シテ相成ザル事ナリ。如何トナレバ。此場ニ至リ徳川恩顧ノ家士。決シテ承伏不致ナリ。詰ル所兵端ヲ開キ。空シク数万ノ生命ヲ絶ツ。是王師ノナス所ニアラズ。サレバ先生ハ只ノ人殺シナルベシ。故ニ拙者此條ニ於テハ決シテ不肯ナリ。

西郷氏曰。朝命ナリ。

余曰。タトヒ朝命タリト雖モ。拙者ニ於テ決シテ承伏セザルナリト断言ス。

西郷氏又強テ朝命ナリト云。

余曰然レバ先生ト余ト。其位置ヲ易ヘテ暫ク之ヲ論ゼン。先生ノ主人島津公。若誤リテ朝敵ノ汚名ヲ受ケ。官軍征討ノ日ニ當リ。其君恭順謹慎ノ時ニ及ンデ。先生余ガ任ニ居リ。主家ノ為メ尽力スルニ。主人慶喜ノ如キ御処置ノ朝命アラバ。先生其命ヲ奉戴シ。速カニ其君ヲ差出シ。安閑トシテ傍観スル事。君臣ノ情。先生ノ義ニ於テ如何ゾヤ。此儀ニ於テハ鉄太郎決シテ忍ブ事能ハザル所ナリト激論セリ。

西郷氏黙然暫クアリテ曰。先生ノ説尤モ然リ。然ラバ即徳川慶喜殿ノ事ニ於テハ。吉之助屹ト引受ケ取計フベシ。先生必ズ心痛スル事ナカレト誓約セリ。

後ニ西郷氏余ニ謂フ。先生官軍ノ陣営ヲ破リ此へ来ル。縛スルハ勿論ナレドモ縛サズト。

余答曰縛ニツクハ余ガ望ムトコロ。早ク縛スベシト。

西郷氏笑テ曰。先ヅ酒ヲ酌ント。

数杯ヲ傾ケ暇ヲ告レバ。西郷氏大総督府陣営通行ノ符ヲ与フ。之ヲ請テ去ル》

これが正に西郷と鉄舟による「談判」であろう。

水野氏の『定説の検証「江戸無血開城」の真実』は、この談判過程を60~61頁で次のように解説する。

《参謀西郷との面会を果たした鉄舟は先ず、恭順している者を攻めるのは天皇の軍隊とは言えないと「理」を説いた。納得した西郷は、五ケ条の降伏条件を示した。鉄舟は五ケ条と書いているが、正しくは七ケ条で、これについては後述する。①慶喜の備前お預け、②城明け渡し、③軍艦引き渡し、④兵器引き渡し、⑤城内の家臣の向島移住、⑥鳥羽・伏見の戦いの責任者の厳罰、⑦江戸の治安維持は徳川が行う。そしてこれを受け入れるなら、徳川の家名存続は保証するという条件である。

これに対し鉄舟は、条件は全て呑むが、慶喜の備前お預けだけは受けられないと拒否する。西郷は二度まで朝命であると言い激論になる。鉄舟は「それならば立場を入れ替えて論じましょう。もしあなたの主君島津公が賊軍の汚名を着せられ、敵方に身柄を引き渡せという朝命を受けたとしたら、あなたは黙って島津公を引き渡しますか」と「情」に訴えた。さすがの西郷もこれには折れて、慶喜の身柄引き渡しは撤回（西郷に一任）し、ここに「無血開城」は実質決定した。

「実質」というのは、西郷も鉄舟もどちらも決定権はない。西郷は新政府軍の中で実質最高実力者であるとはいえ、肩書は「下参謀」である。上には二人の公家参謀（正親町公董・西四辻公業）がおり、その上に大総督・有栖川宮熾仁親王がいる。さらにその上に朝廷がある。一方鉄舟は、慶喜より直接交渉を任されたとはいえ、その肩書は「精鋭隊頭」に過ぎない。西郷としては参政である若年寄か、せめてその下の「総裁」の確認が欲しい。結局、西郷は江戸で確認すると、駿府から京都まで帰り、朝廷で正式決裁を得て、「無血開城」はここに「正式」に決定するのである》

水野氏は『定説の検証「江戸無血開城」の真実』で、鉄舟は五ケ条と書いているが、正しくは七ケ条であると80～81頁で解説する。

《西郷が鉄舟に提示した「書付」の条件は、鉄舟の『談判筆記』と勝の『海舟日記』との間に差異がある。前者は五ケ条、後者は七ケ条で、しかも順番に違いがある。結論は七ケ条が正しいと考えられる。その根拠は以下のとおりである。なお鉄舟が持ち帰った書付は、「写し」が作られ、参政などに配布されたであろう。以下「写し」と呼ぶ。

○『海舟日記』は談判の直後に書かれたものであるが、『談判筆記』は15年後に書かれたものであり、前者の信頼性の方が高い。

○勝は鉄舟持ち帰りの書付（実際はその「写し」）を見ながら日記に書いたであろうが、鉄舟は日記を付けておらず、記憶に頼って書いたと思われ、この点からも前者の信憑性の方が高い》

●慶応4年3月21日『中外新聞』掲載記事

慶応4年（1868）3月14日から7日後の21日に以下の記事が『中外新聞』に掲示された。『中外新聞』とは、「1868年（慶応4）2月24日、柳河春三《やながわしゅんさん》が江戸で創刊した冊子型の新聞。外字新聞による外国事情の翻訳紹介とともに国内事情の報道にも力を入れた、日本人による最初の

〔三・二一、中外新聞〕 三月十五日の御觸書 ○此度御征討使御差下相成、今十五日江戸表御討入の風聞有之候付、御歎願相成候處、大總督府へ伺濟まで御討入の儀見合候旨、參謀西鄉吉之助相答候に付、屋敷并に市中共猥に動搖いたし意外の不都合相生じ候ては以の外の儀に付、諸事靜穩にいたし御沙汰相待候樣致候。三月

〔三・二一、中外新聞〕 去る十五日頃より三街道の先鋒追々江戸へ入込み、毎日市中を巡見す。然れども先々平穩にて市中の者一同少しく安堵す、何卒暴發の異變これなき樣に致したき事なり。此度かくの如く穩かなるは、日光宮樣の御取扱、殊に勝安房守の盡力にて、參謀西鄉某の周旋に依り平和に成たる由なり。

慶應四年　三月　（皇紀二五二八――西曆

勝と西鄉江戸開城談判

慶應４年３月21日　中外新聞

本格的新聞。売れ行きも当時の新聞のなかでは抜群だったため、従来の3、4日ごとの発行日のほかに、4月から『中外新聞外篇』23巻を出している。また5月彰義隊の戦いに際しては『別段中外新聞』を発行しているが、これは新聞号外の元祖である。しかし官軍が江戸に入ると佐幕派新聞に厳しい許可制を敷いたので、6月8日第45号で廃刊した。翌69年（明治2）3月7日復刊したが、柳河が70年2月に亡くなると、同月、第41号で廃刊となった」（日本大百科全書　ニッポニカ）。

中外新聞記事の、右から4行目に「御嘆願相成候」となっている。だが、挿絵のキャプションは「勝と西郷江戸開城談判」となっている。

記事本文では「嘆願」、読者の眼に入りやすい挿絵では「談判」、この使い分けをどう理解すればよいのか。

この背景に関しては、当時の江戸市民感情について考察しなければならない。

今の東京は地方から多くの人々が集まっているため、純粋の江戸っ子という人たちは目立たないが、江戸時代は人の移動が少なかったので、町には江戸っ子気質が溢れていた。

その江戸っ子の気質は、一般的に、気が弱く、根気がなく、見栄坊で、いささかニヒルというのが定説である。礼儀正しく、粋でおしゃれなところ、向こう意気の強さ、これらは見栄を張るところからきている。上は旗本から、下は裏長屋の住人まで、江戸っ子に共通するこの気質は、別の表現におきかえると、「騙されやすい」ということでもあった。

加えて、もう一つの本質的な問題は、当時の日本政治が江戸で行われていなかったということである。

徳川十四代将軍・徳川家茂が、文久2年（1862）2月、孝明天皇の妹和宮を正室に迎え、翌文久3年（1863）3月に上洛したあたりから、幕末の複雑な政治の舞台は京大阪になっていた。家茂が第二次長州戦争の敗報を聞きながら、慶応2年（1866）7月に大坂城で没し、慶喜が十五代将軍に就いたのも江戸ではなかった。

このように慶喜が鳥羽・伏見の戦いで敗れて逃げ帰るまで、幕末の江戸城には将軍が留守であったのであるから、江戸は政治の表舞台ではなかった。結果として、時代の政治先端情報は京大阪から、時間軸で遅れて入ってくる情報によって、江戸在住の武士と市民は理解するしかなかった。

これが江戸に住む人々を情報音痴の状態にさせた決定的な要因である。加えて、当時の江戸のマスコミはすべて佐幕・反薩長派であったので、幕府有利・官軍不利という報道を中心としており、これを江戸っ子は疑問を持たず、鵜呑み信じたのである。

これら当時の江戸状況について、司馬遼太郎が大村益次郎を描いた『花神《かしん》』（新潮文庫・下１９７６）で適切な解説をしている。

《そのころの江戸府、瞥見《べっけん》。

江戸では、新聞・雑誌のたぐいが飛ぶように売れた。多くが旧幕臣か、その関係者が編集しているためにどの新聞も佐幕・反薩長で、脱走とよばれている旧幕兵が各地で連戦連勝しているぐあいの記事であり、連戦連勝でなければ売れなかった。日本の新聞の反官権的性格というのはこのときできたのかもしれない。

たとえば、「宇都宮大合戦」という「内外新報」閏《うるう》四月三日付の記事では、四月二十日朝、脱走方が城へのりこみ、幕軍のシンボルだった日の丸の旗に東照神君の旗数十本を押したて「はなばなしく合戦致し候。脱走方勝利」とあり、関宿《せきやど》での戦闘も脱走方の勝利で「その人数幾万人これあり候や」と、その勢力が日に日に大きくなっていることを告げている。

さらに、閏四月二十九日の「此花新書」という新聞では、そのころすでに江戸に入りこんでいた官軍の人気が、江戸市民にいかに不人気だったかという一側面をつたえている。下谷坂本あたりを一人の官軍の武士が錦切れをつけて通りかかると、町角で遊んでいた幼童が

「おじさんは、錦切れを付けておいでだから官軍かえ」

ときくと、武士はそうだと答えた。幼童はこの武士と遊ぼうとおもい、

「おじさんが官軍なら、坊は会津だから、坊におしたがい」

と、いったという。江戸の市民のほとんどは、薩長はいずれは負けるとおもっていた。幼童でさえ官軍が軍事的にも弱い上にモラルの上からも悪く、一方会津ということばで象徴される旧幕府方に正義があり、さらに軍事的にも強大であると信じていた》

当時の落首にも江戸っ子の感情が鮮明に表れている。

「上方のゼイ六どもがやってきて、トンキョウなどと江戸をなしけり」

「上からは明治などというけれど、治まる明（おさまるめい）と下からは読む」

これが東京市民の本音であった。

このようなマスコミの一般大衆受けの姿勢によって『中外新聞』の挿絵では、「嘆願」ではなく「談判」と言葉を変えることで江戸っ子心理に応えたく、あえて「談判」にしたのではないかと推察する。

もしかしたら画題考証図のタイトルを『江戸開城談判』としたのは、この慶応４年（１８６８）３月21日の『中外新聞』の記事を参考としたのかも知れない。

●『氷川清話』

産経新聞が平成28年（２０１８）は明治１５０年で区切りの年であるから、文化面で明治時代に発表された作品の中から50冊を選び、毎週１冊ずつ紹介する「明治の50冊」連載を行って、この中に海舟の『氷川清話』が選ばれ、２０１８年８月20日付けの紙面で以下のように評している。

《波乱に満ちた幕末の動乱を当事者の口から聞けるのは痛快だ。ましてや語り手は、日本海軍の創始者にして、江戸城無血開城の立役者である勝海舟。維新から30年を経て、自身の来歴や人物評など縦横無尽に語った時事談話集『氷川清話』には、江戸っ子らしく歯にきぬ着せぬ小気味よさがあふれる。同作は明治25～31年ごろ、新聞や雑誌に掲載された勝の談話を吉本襄《のぼる》という人物がまとめたもの。ただ、吉本は編集時に原文をかなり書き換えており、戦後になって文芸評論家の江藤淳さんや歴史家の松浦玲さんが再編集した》

《「まるで親族が集まった場で、話し好きのおじさんの話を聞いているかのよう。『おっちゃん、また言ってるよ……』と思いながらも、話の続きが気になる面白さがありますね」。

勝の玄孫で市民団体「勝海舟の会」の名誉顧問、高山みな子さんはこう語る
《高山さんは同書について、「記憶違いや思い込みも多い。歴史的史料とは言い難い」としつつ、「勝海舟という歴史上の人物が、一人の人間としてどういう信念を持ち、どう行動したかの本音が語られており、興味深い」と話す。

勝の残した言葉を好む人は今も多い。講談社によると、平成12年に同書を学術文庫から出版したところ、定期的に版を重ね、昨年時点で43刷に達した》

では、この『氷川清話』（講談社学術文庫　江藤淳・松浦玲編　2000）で、「江戸開城」に関わる場面がどのような書き方をされているのか。それをみてみたい。

『氷川清話』63頁の「人間の相場」である。
《江戸城受渡しの時、官軍の方からは、予想通り西郷が来るといふものだから、おれは安心して寝て居たよ。さうするとみなの者は、この国事多難の際に、勝の気楽には困るといつて、呟《つぶや》いて居た様子だつたが、なに対手《あいて》が西郷だから、無茶な事をする気遣ひはないと思つて、談判の時にも、おれは慾は言はなかった。たゞ幕臣が餓ゑ《う》るのも気の毒だから、それだけは、頼むぜといつたばかりだつた。それに西郷は、七十万石くれると向ふから言つたよ》

徳川家が駿河国一円と、遠江国・陸奥国を含めて70万石と決定されたのは、彰義隊が壊滅された慶応4年5月15日から9日後の24日に、徳川宗家を継いだ田安家の亀之助（後の徳川家達《いえさと》）に禄高

が示されたのであり、「西郷は、七十万石くれると向ふから言つたよ」は明らかに間違いである。

『氷川清話』72～74頁「西郷と江戸開城談判」では、

《西郷なんぞは、どの位ふとつ腹の人だつたかわからないよ。手紙一本で、芝、田町の薩摩屋敷まで、のそ〳〵談判にやつてくるとは、なか〳〵今の人では出来ない事だ。

あの時の談判は、実に骨だったヨ。官軍に西郷が居なければ、談《はなし》はとても纏まらなかっただろうヨ。その時分の形勢といへば、品川からは西郷などが来る、板橋からは伊地知《いじち》などが来る。また江戸の市中では、今にも官軍が乗込むといつて大騒ぎサ。しかし、おれはほかの官軍には頓着せず、たゞ西郷一人を眼においた。

そこで、今話した通り、ごく短い手紙を一通やつて、双方何処《いずこ》にか出会ひたる上、談判致したいとの旨を申送り、また、その場所は、すなはち田町の薩摩の別邸がよからうと、此方から選定してやつた。すると官軍からも早速承知したと返事をよこして、いよ〳〵何日の何時に薩摩屋敷で談判を開くことになった。

当日のおれは、羽織袴で馬に騎《の》つて、従者を一人をつれたばかりで、薩摩屋敷へ出掛けた。まづ一室へ案内せられて、しばらく待つて居ると、西郷は庭の方から、古洋服に薩摩風の引つ切り下駄をはいて、例の熊次郎といふ忠僕を従え、平気な顔で出て来て、これは実に遅刻しまして失礼、と挨拶しながら座敷に通つた。その様子は、少しも一大事を前に控へたものとは思はれなかった。

さて、いよ〳〵談判になると、西郷は、おれのいふ事を一々信用してくれ、その間一点の疑念も挟まなかつた。「いろ〳〵むつかしい議論もありませうが、私が一身にかけて御引受けします」西郷のこの一言で、江戸百万の生霊も、その生命と財産とを保つことが出来、また徳川氏もその滅亡を免れたのだ。もしこれが他人であったら、いや貴様のいふ事は、自家撞着だとか、言行不一致だとか、沢山の兇徒があの通り処々に屯集して居るのに、恭順の実はどこにあるかとか、いろ〳〵喧しく責め立てるに違ひない。万一さうなると、談判は忽ち破裂だ。しかし西郷はそんな野暮はいはない。その大局を達観して、しかも果断に富んで居たには、おれも感心した。

この時の談判がまだ始まらない前から、桐野などいふ豪傑連中が、大勢で次の間へ来て、ひそかに様子を覗つて居る。薩摩屋敷の近傍へは、官軍の兵隊がひし〳〵と詰めかけて居る。その有様は実に殺気陰々として、物凄い程だつた。しかるに西郷は泰然として、あたりの光景も眼に入らないもののやうに、談判を仕終へてから、おれを門の外まで見送った。おれが門を出ると近傍の街々に屯集して居た兵隊は、どっと一時に押し寄せて来たが、おれが西郷に送られて立つて居るのを見て、一同恭しく捧銃の敬礼を行なつた。おれは自分の胸を指して兵隊に向ひ、いづれ今明日中には何とか決着致すべし、決定次第にて、或は足下らの銃先《つつさき》にかゝつて死ぬこともあらうから、よく〳〵この胸を見覚えておかれよ、と言ひ捨てゝ、西郷に暇乞ひをして帰つた。

この時、おれがことに感心したのは、西郷がおれに対して、幕府の重臣たるだけの敬礼を失はず、談判の時にも、始終座を正して手を膝の上に載せ、少しも戦勝の威光でもつて、敗軍の将を軽蔑するといふやうな風が見えなかつた事だ》

上記の中で海舟は「談判」という言葉を９回も連発している。もちろん、「嘆願」は一度も使っていない。最初から慶応４年３月14日に西郷と会ったのは「談判」と思い込んでいるのか、『慶応四戊辰日記』で記した「諸有司嘆願書を渡す」文言などは消し飛んでいる。

いわば語意を変換し、見事に「談判」化しているのである。同一人物の言葉・文言とは思えない変身であり、慶応４年３月９日の西郷と鉄舟による談判のように、緊迫した状況説明が何もないので、本当に「談判」という行為をしたのか不明であり、疑問が残る。

また、『氷川清話』はもともと吉本襄《のぼる》が、明治30年（１８９７）11月に『海舟先生 氷川清話』として出版し、以後、明治31年（１８９８）５月に『続海舟先生 氷川清話』を、さらに同年11月に『続々海舟先生 氷川清話』を出版した。これは海舟生存中のことである。

次いで、吉本は海舟死去の３年後、明治35年（１９０２）11月に、既刊の３冊をまとめて１冊とし『合冊海舟先生 氷川清話』として発行している。

吉本の『氷川清話』については第９章で詳細に検討したい。

なお、上記の引用は、講談社学術文庫の『氷川清話』であり、以下も同じである。

３７５〜３７７頁の「江戸を戦火から守る」では、

《翌日すなはち十四日にまた品川へ行つて西郷と談判したところが、西郷がいふには、「委細承知致した。しかしながら、これは拙者の一存にも計らひ難いから、今より総督府へ出掛けて相談した上で、なにぶんの御返答を致さう。が、それまでのところ、ともかくも明日の進撃だけは、中止させておきませう」といつて、傍に居た桐野や村田に進撃中止の命令を伝へたまゝ、後はこの事について何もいはず昔話などして、従容《しようよう》として大事の前に横はるを知らない有様には、おれもほと〳〵感心した。

この時の談判の詳しいことは、いつか話した通りだが、それから西郷に別れて帰りかけたのに、この頃江戸の物騒な事といつたら、なか〳〵話にならないほどで、どこからともなく鉄砲玉が始終頭の上を掠めて通るので、おれもこんな中を馬に乗つて行くのは剣呑《けんのん》だと思つたから馬をば別当に牽かせて、おれは後からとぼ〳〵歩いて行つた。そして漸く城門まで帰ると、一翁を初めとしてみな〳〵がおれの事を気遣つて、そこまで迎へに出て居つたが、おれの顔を見ると直ぐに、まづ〳〵無事に帰つたのは目出たいが、談判の模様はどうであつたかと尋ねるから、その顚末《てんまつ》を話して聞かせたところが、みなも大層喜んで、「今し方まで城中から四方の模様を眺望して居たのに、初めは官軍が諸方から繰込んで来るから、これは必定明日進撃するつもりだらうと気遣つて居たが、先刻からはまた反対にどん〳〵繰出して行くやうなので、如何《どう》したのかと不審に思つて居たに、君のお談《はなし》であれば西郷が進撃中止の命令を発したわけと知れた」といふので、おれはこの瞬間の西郷の働きが行き渡つて居るのに実際感服した。談判が済んでから、たとへ歩いてとはいふもの、城まで帰るに時間はいくらもかからないが、その短い間に号令がちやんと諸方へ行き渡つて、一度繰込んだ兵隊をまた後へ引戻すといふ働きを見ては、西郷はなかなか凡の男ではない、といよいよ感心した》

ここでも「談判」という文言を４回使っている。なお、「この時の談判の詳しいことは、いつか話した通りだが」とあるが、詳しいことは講談社学術文庫の『氷川清話』に記されていない。

このように、西郷と交わした内容についての説明、それは「談判」に値すると考えられる文言がなきままに、「談判」したと断定口調で述べるだけである。

一方、日記に書いた「嘆願」という文言は一切使われていないのである。

●『海舟語録』

『海舟語録』（勝海舟全集20　講談社　１９７２）の筆者は巌本善治《いわもとよしはる》（１８６３〜１９４２）である。

『海舟語録』の「解題」で松浦氏は以下のように書いている。

《『海舟語録』と題して一巻にまとめた海舟の談話は、すべて、巌本善治が勝海舟の直話を筆録したものである。巌本善治一人の手になるという点で、海舟のもう一つの著名な『氷川清話』（多くの人の手で各種の新聞・雑誌に個別に発表された海舟談を集めたもの）と、好対照をなしている。

巌本善治は、クリスチャンで明治女学校の経営者。また『女学雑誌』の発行者としても知られ、この雑誌から分離独立した『文学界』の生みの親ともいえる存在なので、明治の文化を論じる際には無視することのできない重要人物である。

それに加えて巌本は、政界の裏面でもなかなか活躍したらしく、明治の政治家の記録を調べていると、意外なところで巌本の名前が出てくるのに驚かされる。海舟のところへ足しげく現れるのも、その政界とのつながりと無関係ではないように思えるので、『海舟語録』を読む場合に、このことは十分に注意されなければなるまい。

明治三十年（1897）三月十六日》

勝に巌本は《御一新の事は、西郷先生と、先生とお二人でなすったので、その外は、餘波《よは》のやうに思ひますが》（58頁）と問うている。

吉本襄の『氷川清話』が最初に出版されたのが明治30年11月であるから、『氷川清話』を読んでからの質問ではない。

その前から江戸無血開城は西郷と海舟の二人で行ったものだという認識を巌本善治も持っており、その視点から聞いていているのだ。

では、巌本はいつ頃からそう思っていたのか。その時期は正確にはわからない。

だが、海舟が明治十四年（1881）の明治政府による維新の功績調査時に、江戸無血開城は「勝が西郷との談判で行った」のだという書類を提出しているので、それ以降になるだろうが、それは吉本の『氷川清話』出版以前であることは間違いない。

これについては次項で詳しく触れたい。

《明治三十一年（１８９８）十一月三十日

第二次山県内閣の成立から約一月を経ているせいか、政変直後の談話で伏せていたことを、小出しながらしゃべっている。また、現在の政局にからめて幕末維新期の思い出が語られるのは、いつものとおりで、今回も、秘話が多い。「午後三時より六時まで」》

このように前段説明があって、その後に1～7までの項目ごとに掲載され、６項目に以下の発言が書かれている（２１８頁）。

《ナアニ、維新の事は、己と西郷とでやつたのサ。西郷の尻馬にのって、明治の功臣もなにもあるものか。自分が元勲だと思ふから、コウなったのだ。

江戸の明け渡しの時は、スッカリ準備がしてあつたのサ。イヤだと言やあ、仕方がない。あつちが無辜の民を殺す前に、コチラから焼打のつもりサ。爆裂弾でも大層なものだつたよ。あとで、品川沖へ棄てるのが骨サ。治まってから、西郷と話して『あの時は、ひどい目にあわせてやろうと思つてた』と言ったら、西郷め、「アハハ、その手は食はんつもりでした」と言ったよ。

ナアニ、己の方よりか西郷はひどい目にあつたよ。勝に欺《だま》されたのだと謂《い》って、ソレハ〳〵、

ひどい目にあつたよ》

海舟は、明治32年（1899）1月19日に死去しているので、上記の明治31年（1898）11月30日語録は、亡くなる50日前である。これ以後の巌本による海舟邸訪問は、明治31年12月20日と、明治32年1月2日、最後が明治32年1月14日で、死去の5日前である。

この『海舟語録』の《ナアニ、維新の事は、己と西郷とでやつたのサ》発言には驚く。

昭和11年（1936）4月に結城素明が描き聖徳記念絵画館に搬入した壁画『江戸開城談判』、この構図は「西郷と海舟二人だけ」が描かれているが、これを予測しているかのようで、正に慧眼で、明治31年11月の『海舟語録』発言から38年後のことである。さすが海舟だと恐れ入り、敬服する。

この、あまりに見事な「己と西郷とでやつた」発言、海舟は本当にそのように思い信じていたのか。それともはったりなのか。かませたか。または誇大宣伝か。

まさか本当に発言どおりに思ってはいないだろう。そのように思いたい。

仮にこの海舟発言の明治31年当時に、江戸開城の大業に関わった人物、例えば、岩倉具視（明治16年没）、鉄舟（明治21年没）、大久保一翁（明治21年没）、三条実美（明治24年没）、有栖川宮熾仁親王（明治28年没）などが生存していたらどのように受けとめたであろうか。たぶん、「それは史実と異なる」と述べたであろう。

●名刀「武蔵正宗」拝観と『正宗鍛刀記』の原本発見

これについては筆者が『刀剣美術』（公益財団法人日本美術刀剣保存協会出版　２０１７年11月号）に寄稿しているので、それに基づいて以下説明したい。

鉄舟が江戸無血開城の功績として、徳川宗家16代の徳川家達《いえさと》から賜った太刀「武蔵正宗」が、「刀剣博物館」における「開館50年にわたる寄贈名品展」（平成29年〔２０１７〕1月5日〜3月31日）にて展示された。

平成29年2月18日、刀剣博物館を訪問、展示場の中央あたりに置かれた「武蔵正宗」を拝観した。贔屓目なのかもしれないが、展示23刀の中でも、一段と光彩を放っていた。

「武蔵正宗」の寄贈者は故・藤澤乙安氏で、展示キャプションには、

「重要美術品　無銘　伝正宗（名物　武蔵正宗）鎌倉時代末期、70・6センチメートル」

とあり、附として鶴足《つるあし》革包鞘《かわづつみざや》殿中《でんちゅう》鐺《こじり》鉄《てつ》葵紋《あおいもん》金具《かなぐ》打刀《うちかたな》拵《こしらえ》も展示されている。

ところで、展示会場に入って外国人が多いことに驚く。来場者の約半数は外国人という実態に、世界的な日本刀ブームであると再認識する。

さて、「武蔵正宗」について、学芸部調査課の石井彰課長から説明をいただいた。

石井課長が持参されたのは『刀剣美術』（財団法人日本美術刀剣保存協会　平成23年10月号）で

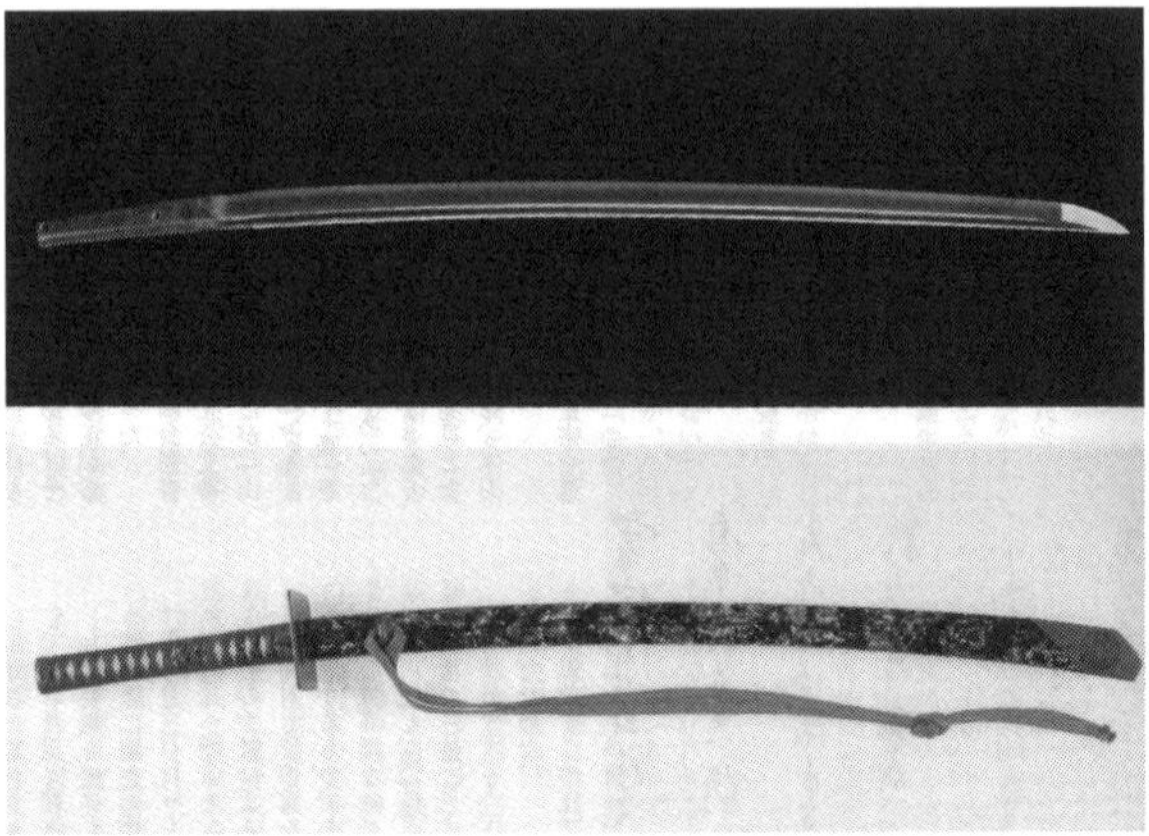

上：武蔵正宗刀　下：鶴足革包鞘殿中鐺鉄葵紋金具打刀拵
（公益財団法人日本美術刀剣保存協会）

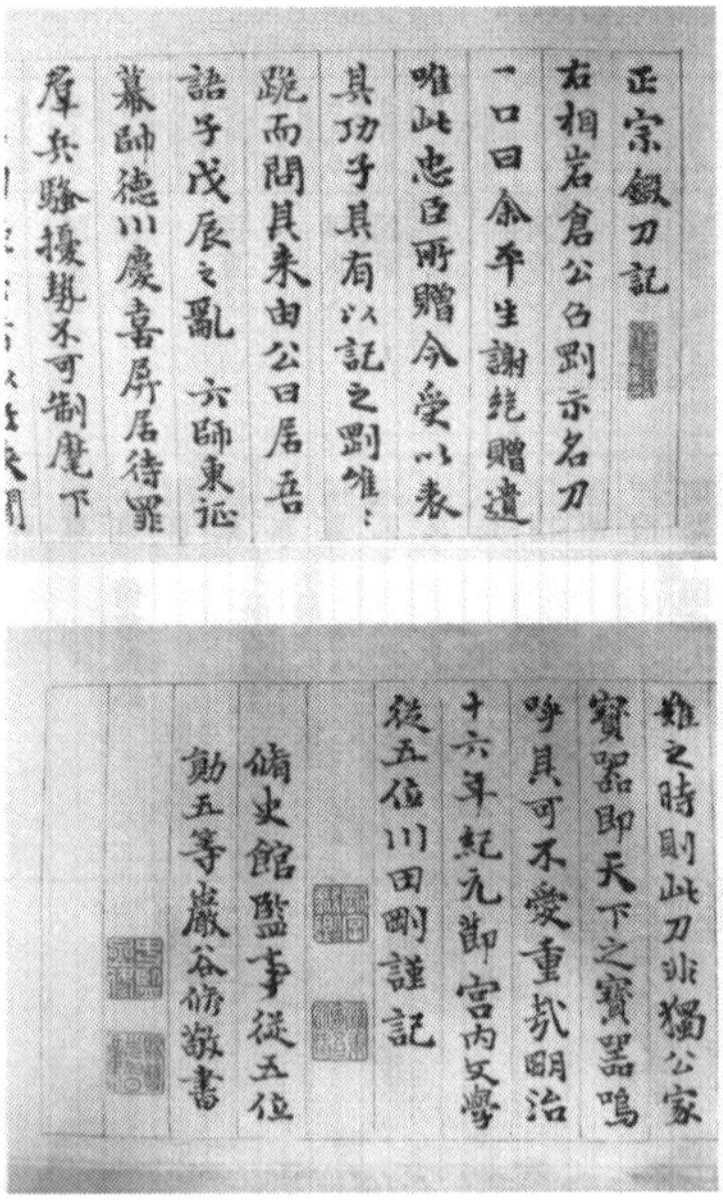
正宗鍛刀記
右相岩倉公出劔示名刀
一口曰余平生謝絶贈遺
唯此忠臣所贈今受以表
其功乎具有以記之劔唯々
跪而問其来由公曰居吾
語予戊辰之亂　六師東征
幕師徳川慶喜屏居待罪
麾兵騒擾勢不可制麾下

難之時則此刀非獨公家
寳器即天下之寳器嗚
呼其可不愛重哉明治
十六年紀元節　宮内文學
從五位川田剛謹記
脩史館監事從五位
勳五等巖谷脩敬書

『正宗鍛刀記』
（公益財団法人日本美術刀剣保存協会）

ある。ここに同館の檜山正則氏が「武蔵正宗」について解説されている。

表紙をめくって1ページ目、その一か所に目が釘付けとなった。何と『正宗鍛刀記』（一巻）とあるではないか!!　長らく行方不明で、山岡鉄舟研究者が探し求めていた『正宗鍛刀記』（明治16年）の原本が、この刀剣博物館に存在するのか!!

檜山正則氏の解説を以下引用する。

《本作は「享保名物帳」に所蔵されている「武蔵正宗」である。作風は地刃の出来口や沸・匂の織り成すさまざまな働きなどは、相州正宗の気分を呈しているが、幅広でこれほど鋒の延びた体配のものは稀有であるため、同工極めの妥当性について、さらに向後に検討の余地を残している。

『正宗鍛刀記』原本（著者撮影）

名称の由来については、宮本武蔵の所蔵刀であった故とも、また紀州徳川家（本阿弥光瑳名物記に「紀伊中納言殿御道具之内に有」などの記載がある）の家中にあったものを将軍家が江戸（武蔵国）にて召上げた故に名づけたなど、他にも諸説がある。その後の経緯について、新資料から修正が必要なためここに掲載することになった》

《『正宗鍛刀記』であるが、国立国会図書館憲政資料室・宮内庁書陵部・国立公文書館内閣文庫などに写本が残っていたが、アンシン・アナトーリー著『山岡鉄舟関係学術論文集』（筆者注：Anshin Anatoliy）などによれば、原本は今まで行方不明であった。しかし、このたび調査した結果、まさしくこれが原本であることがわかり大発見となった。さらに当時の二通の書簡から、本刀にまつわる事情が垣間見られる。

まず書簡の内容を簡略すれば、正宗を進呈された岩倉具視が香川敬三（水戸藩出身で岩倉具視と親密となり、後に宮内官僚として要職を歴任した人物）に依頼して本阿弥長職に調査鑑定させた審定書（明治十六年一月三日付）と、同日その内容を香川が岩倉公へ報告した手紙が付帯している。

その手紙によると、岩倉公は贈られた刀剣に対して慎重な取り扱いをしていたことがわかるものである。公は山岡鉄舟がいかに心操高潔な鉄舟に感じ入り、会談の内容を口述し、漢学者の川田剛が漢文で記して、明治の三筆（日下部鳴鶴、長三州、後に中林梧竹）の一人である巌谷修が六朝楷書でしたためた》

《以前、この正宗は徳川慶喜から山岡鉄舟に贈られたとされているがこれは間違いで、史実は徳川家達が明治十年から十五年にイギリス留学をし、その帰国後（江戸無血開城14年後）に、鉄舟が行った功績（駿府に於いて西郷隆盛との会談時に慶喜の恭順の実情や江戸城の平和的明け渡しを可能にした役割）に対して贈るのであるが、山岡は「かかる銘付を保持するのは勿体ないことである。自分のしたことは君家に対する家臣としての当然の務めで、少しも感謝されるほどのものではない。これは誰か廟堂の元勲に差し上げるのが至当である」（小倉鉄樹記『山岡鉄舟先生正伝　おれの師匠』）と速やかに岩倉具視に贈呈し以後同家に伝来したものであり、これは日本の近代史に隠され

た歴史資料でもある》

以上のとおり、檜山正則氏は『正宗鍛刀記』原本発見を、平成23年10月号の『刀剣美術』誌上で明確に述べられたが、残念ながら山岡鉄舟研究関連者には、この発見事実が伝わっていない。

推察するに『刀剣美術』の読者は、刀剣の歴史的由来よりも工芸品・美術品としての側面により大きな関心を持っているが、鉄舟に関してはあまり興味を持たない層と推測でき、せっかくの檜山氏発見が世に広く伝わらなかったのだと思う。

そこで、改めて『正宗鍛刀記』原本を確認したく、刀剣博物館を訪問。89頁の写真のとおり原本を確認したので、この事実を山岡鉄舟研究会のホームページ（２０１７年10月19日）で伝えた。

なお、鉄舟は自己ＰＲを一切しなかった人物で、自らの功績を遺す史料は鉄舟直筆の『慶應戊辰三月駿府大總督府に於て西郷隆盛氏と談判筆記』と、この『正宗鍛刀記』の二つしかなく、今回、確認することができ大変喜んでいるところであるが、ここでもう少し『正宗鍛刀記』の誕生経緯について『山岡鉄舟先生正伝　おれの師匠』（小倉鉄樹　島津書房　平成13年）から補足したい。

《明治14年（１８８１）、明治政府は維新の功績調査を行って、関係者を召還または口述や筆記を徴《ちょう》した。

鉄舟は「別に取り立てていう程はない」と賞勲局の呼び出しに応じなかったが、何度も呼び出しがあるので出頭すると「先刻、勝さんが来て斯様なものを出されましたが……」と鉄舟に見せた。

それをみると「勝が西郷との談判を行ったと書いてあり、鉄舟の名はない」ので「変だと思ったが、嘘だと言うと勝の顔を潰すことになる。勝に花を持たせてやれ」と「この通りだ」と海舟の功績を肯定した。

賞勲局員も無血開城の経緯を知っているので鉄舟に反問した。

「それであなたの功績はどうしたのですか」

「おれか。君主に臣民が為すべきことを為したまでで手柄顔は出来ないさ」

賞勲局員は困って、賞勲局総裁の三条実美公に報告したところ、三条は岩倉具視公に連絡、岩倉公も「それは変だ」と鉄舟を呼び出し尋ねた。

鉄舟も岩倉公の前では嘘も言えず「実は、勝からあのような書類が出ていたので、勝の面目のため自分は手を退いた」と答えた。

岩倉公は鉄舟の人格高潔さに感服しつつも、正しい史実を遺すべく、鉄舟から当時の談判事実を詳しく聞き取って、漢学者の川田剛に漢文で書かせ、明治の三筆の一人である巌谷修が六朝楷書でしたためた》

このとおり、海舟は賞勲局に対して「勝が西郷との談判を行った」と書いた書類を提出しており、そこには「鉄舟の名はない」ので賞勲局員は総裁の三条実美公に報告し、三条実美が岩倉具視公に連絡、岩倉公も「それは変だ」と鉄舟を呼び出し尋ねたわけで、その経緯を『正宗鍛刀記』に「明治16年紀元節　宮内文學從五位川田剛謹記」と明確に記している。

ということは、この時点で海舟の主張について、三条も岩倉も知っていたということになり、この海舟に対する反論として『正宗鍛刀記』が記されたのかもしれない。

次に、『正宗鍛刀記』が岩倉家から藤澤乙安氏蔵となった事情を説明する。それを記した資料として以下の二つがある。

まず、《大正三年岩倉家の売立に出たが、千百九十の札しか入らなかったので、競売を見合わせた。あとで親族が三千五百円で引き受けた。しかし、昭和十二年八月二十八日付で、重要美術品に認定された時も、名義は岩倉具栄公爵となっていた。戦後、岩倉家を出て藤澤乙安氏蔵となっている》（『皇室・将軍家・大名家刀剣目録』福永酔剣編著　雄山閣　１９９７）。

二つ目の資料は、藤澤乙安氏の子である藤澤玄雄氏が『日本の美術４　NO４３１　日本刀藤澤乙安コレクション』で語っている。要点のみ記してみる。

《父、藤澤乙安は明治四十三年元旦に信州・藤澤村で９人兄弟（姉妹）の末子として生まれた。藤澤村は合併されて長野県の高遠町となった。生家は破産し故郷を出奔し、松本市に出て事業を営み、東京に出るまでに拡大し、財力を蓄えた。

刀剣の収集のきっかけが何であったか私は知る由もないが、父の兄、姉たちもそれぞれ美術品、特に絵画には並々ならぬ関心を持っていたから、父もその血を引いているのだと思う。

それらの過程で知り合った本阿彌光遜《ほんあみこうそん》氏の勧めで日本刀の収集が始まったようである。本阿彌氏は父の言によれば当時、日本一の鑑定家であったそうであるが、父の荻窪の屋敷（明治天皇荻窪御小休所）へ住み込ませた同氏に鑑定をさせながら気に入ったものはどんどん買い入れるという状態であったようだ。

「手放すなよ」と言われた収集品ではあるが、父が亡くなってみると苛酷としか言いようのない日本の相続税制のもとではこれらを藤澤乙安コレクションとして手許に残すことは全く不可能と判断し、財団法人日本美術保存協会（刀剣博物館）へ寄贈するということになった。

最後に、宮本武蔵と言えば吉川英治で、同氏著書『随筆　宮本武蔵』（講談社　2002）の「佩刀考『武蔵正宗』と彼の佩刀」に、

《大分以前に開かれた文部省の重要美術審査会で、新たに重要美術品に指定された物のうちに、岩倉具栄氏所蔵の「武蔵正宗」という名刀が挙げられている》とある。

いずれにしても、『正宗鍛刀記』を発見され『刀剣美術』に書かれた檜山正則氏に感謝申し上げたい。

●アンシン・アナトーリー著『山岡鉄舟の功績を称えた「正宗鍛刀記」の考証』の検討

ここでアンシン・アナトーリー『山岡鉄舟の功績を称えた「正宗鍛刀記」の考証』について検討

したい。二松学舎大学日本漢文学研究編集委員会編『日本漢文学研究』第2号（２００７年３月）、及び日本歴史学会編『日本歴史』第７２２号（２００８年7月）に掲載されたものである。

《国立国会図書館憲政資料室が所蔵している岩倉具視関係文書には、明治政府の右大臣・岩倉具視（１８２５～１８８３）が口述し、漢学者・川田剛（１８２９～１８９６）が漢文で記した「正宗鍛刀記」が収録されている。川田剛は、甕江《おうこう》と号し、明治前期の皇典講究所・國學院・東京大学に出講した高名な漢学者であった。川田剛の経歴の特色は、官歴に恵まれた、いわゆる宮廷歴史家である。その官歴は、儒臣の出身に相応しく、文部省、史局、宮内省を経て、修史事業を一貫して担ってきた。太政官歴史課御用掛、修史局一等修撰、修史館一等編修、宮内省諸陵頭、博物館理事、歴史部長、図書寮などを経て、１８９０年（明治23）に古事類苑検閲委員長となり、さらに１８９５年（明治28）に古事類苑編集総裁となった。いわゆる抹殺博士の一人、重野安繹（１８２７～１９１０）と考証学をめぐって対立したことも有名である。没する直前、特旨により宮中顧問官、勅任官一等従三位に叙せられた》

《「止宗鍛刀記」は、そういう経歴を持つ日本人が書いた一流の漢文であり、その内容は、維新後、徳川家の第一六代目宗家となった徳川家達《いえさと》（１８６３～１９４０）が、江戸無血開城を実現することによって、徳川家と江戸市民を抹殺から救った山岡鉄舟（１８３６～１８８８）の功績を労うために、山岡に徳川家の家宝名刀「武蔵正宗」を贈与し、山岡はこれをほどなく岩倉具視に贈ったと

いう事実の記述を初めとし、江戸無血開城の経緯や名刀「武蔵正宗」の描写などがある》

《山岡鉄舟の役割と言えば、駿府において西郷隆盛との会談の時に、東西両軍の実力者が、山岡を媒介としてはじめて接触でき、さらに、山岡の決死の弁明を通じて、徳川慶喜の恭順の実情が西郷隆盛をはじめて得心させた。このことによって、江戸城の平和的明渡しの可能性は強まったと原口清が指摘している。ところが、山岡の役割が、それ以上重要なものであったということが、彼の手記と二次資料から伺える。

江戸無血開城と山岡鉄舟の関係を巡る一次資料は、「戊辰談判筆記」に尽きるが、これまで全く検討されてこなかった「正宗鍛刀記」が、江戸無血開城の時に山岡が果たした役割の重要性を裏付ける二次資料の一つである》

《現在、「正宗鍛刀記」の原本なるものの行方は不明である。原本に最も近いと思われる写本が、山岡直筆の「戊辰談判筆記」の写本とともに国立国会図書館憲政資料室が所蔵している岩倉具視関係文書川崎本に収録されている（以下、「国会図書館本」と略）。岩倉具視関係文書は、主として国立国会図書館憲政資料室、岩倉公旧蹟保存会対岳文庫、国立公文書館の3か所に分かれて保存されている》

この「現在、『正宗鍛刀記』の原本なるものの行方は不明である」との指摘については、筆者が刀剣博物館に保管されている原本を確認したことは前述した。

また、鉄舟が岩倉具視に「武蔵正宗」を贈った理由として、「かかる銘付を保持するのは勿体ないことである。自分のしたことは君家に対する家臣としての当然の務めで、少しも感謝されるほどのものではない。これは誰か廟堂の元勲に差し上げるのが至当である》（『山岡鉄舟先生正伝　おれの師匠』　小倉鉄樹　島津書房　平成13年）と記しているが、これについてアンシン・アナトーリー氏は次のように主張する。

《山岡鉄舟が、自分がもらった徳川家の家宝を他の人物ではなく、岩倉具視に贈った理由について、「これは誰か廟堂の元勲に差上げるのが至当である」という説明は単純すぎる。上記の香川敬三が岩倉具視に宛てた書簡から見ても明らかなように、岩倉具視が維新後、徳川家に対して色々「配慮」したことに報いるため、山岡は岩倉に徳川家の家宝を贈呈したというのが、本当の理由である》

《「正宗鍛刀記」で岩倉具視は、「唯此忠臣所贈、今受以表其功」、つまり「唯だ此れ（名刀「武蔵正宗」・引用者注）忠臣（山岡鉄舟・引用者注）の贈る所、今受けて以て其功を表せんとす」と述べ、この文書を作ることによって山岡鉄舟の功績を世に知らせるつもりであったが、「正宗鍛刀記」は結局、公にされなかったのである》

また、鉄舟が「武蔵正宗」を授与されるまでに時間を要したことに、次のように疑問を呈する。

《主君が手柄を立てた家来に刀を与えるという武士の習慣に違わず、１８６８年（慶応４）４月10日、江戸城が官軍に明渡される１日前、徳川慶喜は、無血開城の実現者の１人であった勝海舟に刀を与えた。徳川家が山岡鉄舟に家宝の名刀「武蔵正宗」を授与するまで、なぜ14年も経たなければ

ならなかったのだろうか》
この指摘については、江戸城が官軍に明渡される1日前に慶喜が海舟に刀を与えたが、その前に「鉄舟こそが一番槍」だと来国俊《らいくにとし》の短刀を与えられたという事実があることを、次項でお伝えしたい。

●鉄舟が一番槍だと認めた慶喜

アンシン・アナトーリー氏が指摘する「徳川家が山岡鉄舟に家宝の名刀「武蔵正宗」を授与するまで、なぜ14年も経たなければならなかったのだろうか」については、東洋大学の岩下哲典教授が『江戸無血開城　本当の功労者は誰か?』(吉川弘文館　2018)で、江戸無血開城の最大の功労者は鉄舟であり、そのことを慶喜も理解していたと以下のように述べる。

《江戸城無血開城」は江戸での海舟・西郷会談ではなく、駿府の鉄舟・西郷会談でほぼ決まった。

駿府で初めて徳川方から降伏条件が鉄舟に開示されたが、その中の慶喜の処遇について「自分には決められない」と最も重要な案件は保留にし、つまり、さらなる交渉の余地を残して復命した。

あの状況の中、つまり幕臣として単身で敵中に乗り込んだ鉄舟の臨機応変な交渉がその後の歴史を変えたわけである。

これは江戸無血開城で最大の恩恵を被った慶喜が、自身の助命と家名存続の「一番槍《いちばんやり》」は鉄舟で

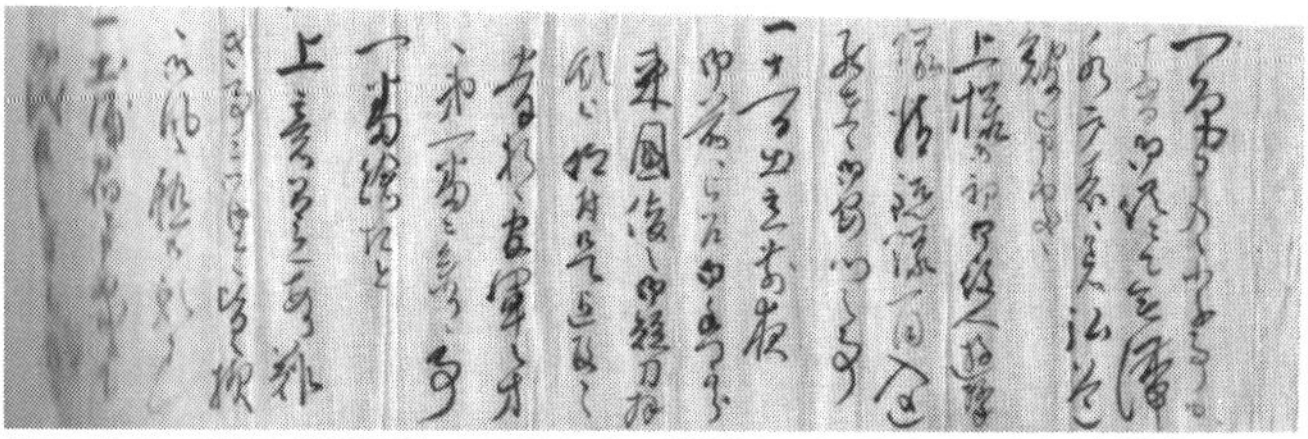

『特別展　幕臣尊攘派』日野市立新選組のふるさと歴史館叢書第十四輯より（全生庵所蔵）

あると認めていたことからも理解できる。

慶喜はいう。「官軍に対して一番槍だったのは鉄舟である」と。

鉄舟が書き留めた文書（断簡）があり、鉄舟が開いた臨済宗国泰寺は全《ぜん》生庵《しょうあん》（台東区谷中）に所蔵されている。

この文書（断簡）の一部ではこう紹介している。

一、十一日出立前夜、御前へ被召《めされ》、御手つから来国俊之御短刀拝領被仰付《おおせつけられ》、是迄《これまで》度々骨折候官軍の方へ第一番ニ参り候事一番槍た（だ）と上意有之《これあり》、あり難き事御座候《ござそうろう》（後略）》

《江戸城が、まさに官軍に対して無血開城されたのが、四月十一日であり、この日、慶喜は、謹慎先の水戸に向けて、上野寛永寺大慈院を出発した。その前夜、すなわち十日の夜のことである。鉄舟は、慶喜の御前に召し出された。そして鉄舟は、慶喜自らの手により、「来国俊《らいくにとし》」の短刀を与えられた。来国俊は、鎌倉時代後期の名刀工である》

来国俊について『日本刀の教科書』（渡邉妙子・住麻紀　東京堂出版　２０１４）を参照して以下説明する。

来国俊とは、鎌倉時代中期、山城国（京都）に生まれた「来派」、これは日本刀の刀工の流派の一つで五箇伝のうち山城伝に属し、鎌倉時代中期から南北朝時代にかけて山城国で活動した。主な刀工に国行、国俊（二字国俊）、来国俊、来国光、来国次らがいる。

来国俊には正和４年（１３１４）75歳と年齢が刻まれた太刀があることにより、時代が明らかであり、鎌倉時代を代表する名工である。太刀と短刀、ともに多く現存し、精美な地金にきわめて品格の高いすぐは直刃《すぐは》（直線的な刃文を総じて直刃という）の刀紋を完成させた。

直刃の作風は、平安時代前期以前の直刀《ちょくとう》にもみられるが、区元《まちもと》から鋒《きっさき》の刃文まで、寸分乱れることなく緊張感のある直刃を焼き上げた技術は、来国俊の独壇場といえる。鎌倉時代の太刀・短刀に込められた鎌倉武士の心意気が、この直刃に象徴的に表れているといえよう。

鎌倉時代の最大の国難は、文永11年（１２７４）と弘安４年（１２８１）の二度にわたる蒙古襲来だった。鎌倉幕府の八代執権北条時宗は御家人らを九州沿岸の防備に当たらせ、蒙古の襲撃に備えた。この時、来国俊は41歳の働き盛り。北条氏の要望に応え、一族一丸となって、腰物である太刀と腰刀（短刀）を鍛造した。質実剛健を旨とする北条一門は、武士道の節を貫き、日本国を護り抜こうとする誠心を持って直刃を打ったという。

来国俊は、最晩年81歳（元応3年〔1321〕）の作を最後に、後事を来国光に託したが、晩年の来国俊の銘を見ると、後継者である来国光、来国次の代銘が見られる。年老いた棟梁である国俊を支え、鍛刀して銘は国俊の代わりに切っていることが、鏨《たがね》の運びからわかる。

第６章　壁画『江戸開城談判』の検討

●壁画の制作を結城素明に依頼した経緯

左の壁画『江戸開城談判』は、『明治神宮叢書第　二十巻　図録編』の「二、聖徳記念絵画館壁画」の29頁にも掲載され、次頁の図は同じく343頁に掲載されている。

壁画の制作を結城素明に依頼した経緯について、『明治神宮叢書　第十八巻　資料編（2）』（平成15年11月3日）50頁以下に次のように記している。

『江戸開城談判』結城素明 作
（聖徳記念絵画館所蔵）

《大正十三年秋、当時外国留学中の結城素明氏は、巴里の寓居に於て、九月二十八日附浅沼龍吉氏の書信に接し初めて西郷吉之助侯爵並に勝精伯爵より奉納の江戸開城談判図の揮毫に関する交渉を受け、直ちに返書を送って大体承諾の旨を伝えたが、更に十四年三月帰朝して浅沼氏に面会し委細を聴いて之が承諾の確答をなし、次いで四月十四日華族会館に於て西郷侯爵、勝伯爵及び植村証三郎氏、海軍中将黒岡帯刀氏、浅沼氏と会見し、又奉賛会よりは水上浩躬氏が立会はれ、種々意見交換の後、

⑬ 江戸開城談判（江戸城開け渡しの会談）

時　明治元年三月一四日（一八六八年四月六日）
所　芝　田町　鹿児島藩邸（東京）
奉納者　侯爵　西郷吉之助
　　　　伯爵　勝　精　　画家　結城素明

明治元年三月初め、大総督熾仁親王のひきいる官軍は江戸城にせまり総攻撃の態勢を整えましたが、旧幕臣もこれを迎え討つ準備を着々と進めておりました。幕軍の代表安房守勝義邦（海舟）はこれを憂え、戦いを起こさないよう努力、官軍の大総督参謀西郷吉之助（隆盛）と芝田町の鹿児島藩邸で会談しました。この結果、江戸城の開け渡しが決定し、江戸市民は戦災を免れることができました。

絵は、西郷と勝が会談する光景です。

『明治神宮叢書　第二十巻　図録編』343頁

愈々正式に壁画揮毫の委嘱を受諾するに至った。

爰《ここ》に於て結城氏は奉賛会より送付されたる参考資料に基き、先ず書題に関する史実の研究を始めたが、大総督参謀西郷吉之助（四十二歳）と勝義邦（四十六歳）との間に江戸開城談判の行はれたのは明治元年三月十四日（太陰暦四月六日）である。臨時帝室編修局調査の壁画画題資料に拠れば『勝安房日記』に次の如く記されている》

この後にすでにみた海舟の『慶応四戊辰日記』慶応4年3月14日が記されている。

●目賀田男爵談話筆記

次に目賀田種太郎男爵談話筆記を紹介する。

目賀田男爵夫人逸子
（国立国会図書館所蔵）

目賀田種太郎男爵
（国立国会図書館所蔵）

目賀田男爵とは目賀田種太郎（1853〜1926）のことで、明治13年（1880）海舟の三女・逸子と結婚。明治・大正期の官僚・政治家。幕臣の子として江戸に生まれる。明治三年渡米、ハーバード大学卒、文部省・代言人・判事などを経て大蔵省入省。主税局長、朝鮮政府財政顧問・統監府財政監査長官として朝鮮貨幣整理事業を推進。貴族院議員・枢密顧問官などを歴任。男爵。専修学校（現：専修大学）の創始者の一人である。また、東京音楽学校（現：東京藝術大学）創設者の一人でもある。

『明治神宮叢書　第十八巻　資料編（2）』が次のように記す。

《両雄会見の有様に就ては目賀田男爵の談話筆記中にも之が詳述されている。此の談話筆記は、大正八年（一九一九）十月三十日奉賛会より水上氏

が目賀田男爵を訪れ同男が勝翁より聴いたところを本として語られた際の筆記である》
《薩摩邸会見ノ時ハ勝ハ単騎ニテ山岡モ益満モ同行セス、勝座敷ニ通レバ障子外ニ下駄ノ音シテ（庭ノ飛石ヲ渡リシガ如シ）上縁シ坐ニ着ケリ、勝ハ大小ヲ差シ西郷ハ脇差ノミリ坐ニハ茶ト烟草盆モ出デタリ、素ヨリ開城条件ハ已ニ予知シ居ルコトナレバ夫等ノ談判ハナク西郷ハ丁寧ニ且ツ平和ニ「ドウデス嘸《さぞ》御困リデセウ」勝ハ「困ル所デハアリマン、シテドウナサル積リデスカ」ト反問セシ時西郷ハ稍《やや》厳格に「素ヨリ明日攻撃シマス」ト答エタリ、（此時襖ノ内ニ人ノケハヒシタレバ其人々ニ聞カスル為メ殊更ニ厳重ノ語調ヲ取リシガ如シ）勝ハ尚「幕府ニテハ上下謹慎ヲ表シ、武器ハ一切取上ゲアレバ誰モ抵抗スル者トテハナシ之ヲ攻撃シタリトテ何レノ甲斐モナシ攻撃ハ見合ハサレテハ如何」ト云ヒ西郷ハ「攻撃ヲ止ムルコトハ総督府ノ許可ナクテハ予ノ一存ニテハ何トモ仕方ナシ、只明日ノ所ハ見合ハスベシ」ト云ヒ直ニ立チテ隣室ニ入リ（隣室ニハ村田新八、桐野（当時中村）利秋、渡辺清左衛門外二名アリ、此中渡辺ハ軍監ニテ且ツ薩藩士ニアラズ、大村藩士ナリ）声高ニ「只今皆サンモ御聞ノ通ナレバ明日ノ攻撃ハ見合セント思フガ皆サンハ如何ト思ハル、ヤ」ト云ヒシニ「一坐ハ稍不平ラシキ語調ニテ同意ヲ表シケレバ西郷ハ諸隊ニ向ヒテ攻撃中止ノ令ヲ発スルコトヲ命ジテ坐ニ帰リ、勝ニ対シテ「只今御聞ノ通リナレバ御安心アレ」ト述べ、勝ハ謝辞ヲ述べテ退出セリ、其時西郷ハ「危険デス衛兵ヲ附ケマセウカ」ト云シモ勝ハ「大ニハ及ビマセヌ」ト云ヒ門外ニ出レバ薩ノ一隊ハ整列シテ敬礼ヲ為シ、勝ガ赤羽橋ニ至リシ時幕士ヨリ二三発ノ銃撃ヲ受ケシモ幸ニ事無カリキ此時西郷ノ危険ノ意味モ分リタリ、（当時勝ノ差セル刀ニハ銃丸ノ傷アルモ之ハ其日ノ痕跡アラズ、勝ハ三回狙撃ヲ受ケタリ、其大小ハ今モ勝伯ノ家ニ在リ）

此の談話に於て作画上参考となったのは「勝ハ大小ヲ差シ西郷ハ脇差ノミナリ坐ニハ茶ト烟草盆モ出デタリ」とある件である》

このように『目賀田男爵談話筆記』に「薩摩邸会見ノ時」とあり、さらに「素ヨリ開城条件ハ已《すで》ニ予知シ居ルコトナレバ夫等ノ談判ハナク」とある。すでにみた『氷川清話』、海舟の『慶応四戊辰日記』と、肝心なところが異なっている。

『慶応四戊辰日記』では「14日同所に出張西郷へ面会す。諸有司嘆願書を渡す」と書かれているが、『目賀田男爵談話筆記』では「薩摩邸会見ノ時」となっている上に、何と「談判ハナク」と明記されている。

つまり、慶応4年3月14日の日記では、「嘆願」であったが、海舟が死去した20年後の大正8年に「水上浩躬が目賀田男爵を訪れ同男爵が勝翁より聴いたところ」では、「嘆願」ではなく「会見」であり、かつ「談判」ではなかったと述べているのである。

水上は、この時点で疑問を持たなかったのであろうか。自らが事務局として画題『江戸開城談判』と決めたわけであるから、「会見」ではおかしいと感じなかったのか。

たぶん、水上は疑問を持ったはずである。しかし、80画題の最終決定は大正11年（1922）7

月であったが、その前に第一成案85題、これが水上が目賀田男爵を訪れた大正８年10月より前の、大正７年（１９１８）１月に決定済みであったので問題としなかったのではないかと推測する。

●結城素明が壁画を描くために調べた内容

『明治神宮叢書　第十八巻　資料編（２）』（平成15年11月３日）54頁以下に次のように記している。

《斯くて結城氏は更に詳細なる史実の研究と画材資材の為に同年（大正十四年）四月二十二日渋谷の西郷侯爵邸に浅沼氏及び土岡氏を帯同して伺候した。此の時土岡氏を煩はして同邸に掲げてあった油絵の南洲翁の肖像画を撮影し又作画の参考として当主従徳侯と南洲翁の末子午次郎氏を数枚の写真に収めた。且其の席上従徳候母堂（先代従道未亡人）より大西郷の平素の行状、風采、態度等に就き種々の思出話を聴き是に依り其の輪郭が髣髴として浮び大西郷とは恁麼《いんも》(どんな)な人であったかと云ふことが略々摑めた様に覚えたと云ふ。其の後又浅沼氏土岡氏を煩はして勝伯爵家に保存されてゐる海舟翁の写真を複写して貰った。此の写真は万延元年遣米使節に随行して咸臨丸を以って米国訪問の際紐育に於て撮影したものである。又当時の写真で羽織、袴、帯刀姿のもの数葉を同時に複写して貰った。（筆者注：海舟はサンフランシスコに行っているがニューヨークには行っていないので、紐育に於て撮影は間違い）

同氏は更に此等の資料より出発して、先ず人物の風貌、衣服等に就て之が考証を始めた。海舟翁は就ては、其の米国訪問の際に撮影した写真は、万延元年（１８６０）三十八歳の時のものであって明治元年（１８６８）はそれより八年後に当り、年齢の上より見て、容貌等には余り甚しい変化はない筈であるから、大体之に拠つて描写することにした。又結髪の如きも此の写真に基いて総髪にすることにしたのである。次に服装は『氷川清話』に拠れば「当日おれは羽織姿で馬に騎つて従者一人つれた許りで薩摩屋敷へ出掛けた」とあり、羽織袴姿であったことが明らかであるから、当時着用のものを勝伯爵家より借覧した。尚羽織は黒の五つ紋であるが定紋の如きは別に同家より摺形を届けて貰つて之を参照した。又当時海舟翁が常に帯してゐた太刀は、竜虎の彫金に金象眼を施した鉄柄のものである。小刀と共に同家に保存されてゐるので之を写生した。

南洲翁の服装は『錦之御旗』に拠つて戊辰戦記画巻の「西郷吉之助伏見戦場巡視」の図を参考にした。即ち所謂ツ、ッポ、ダンブクロの姿で黒衣の上に黒羅紗の羽織、袴を着し、頭には陣笠を被り、腰には大小を帯してゐる図である。頭に陣笠を被つてゐる為に図の上では頭髪の形を知ることが出来ない。問題は結髪か散髪をしてゐたかと云ふことに帰着する。当時既に散髪の風が行はれてゐたことは戊辰戦記画巻中にも例えば「吉井山田賊ノ退陣ヲ報ス」の図中に吉井幸輔、山田市之丞が散髪をしてゐることに拠っても分る。然るに結城氏は明治三十一年冬、海舟翁より招かれて其の病床を訪れ、同翁より子孫の教へ草に遺す為翁の遭難記を画図にすることを委嘱され、直ちに真の製作に着与したが、十数図中未だ其の全部を完成しない中に、翌年一月十九日翁は薨去された。江戸開城談判の図は其の描き残ったもの丶一つであるが、之を執筆するに際し初めて問題になったのは南洲翁の頭髪のことである。是に於て戸川残花（安宅）翁の紹介に依り旧幕臣で当時海軍副官であった安原金次郎氏に其の調査を依頼した。

其の時安原氏の返事は次の如くである。

過般御聞合ニ相成候西郷翁ノ結髪ハ慶応四年ノ春散髪ニ被成江戸城渡シノ評議当時は既ニ散髪ニ有之候由ニ御座候甚乍延引此段御返答申上候

二月十六日　　西郷家扶

広瀬副官殿

謹啓別紙之通問合置候間此段御領承被下度候　頓首

二月十六日　　安原拝

此の手紙は明治三十二年二月十六日附のものである。之に拠つて南洲翁は慶応四年春散髪し、江戸開城談判の砌には散髪であつたことが明瞭となり斯くて結城氏は其の時執筆中の画図に南洲翁を散髪に描いたのである。

海舟翁は『氷川清話』に於て「此時おれが殊に感心したのは西郷がおれに対して幕府の重臣たるだけの敬礼を失はず談判にも始終座を正して手を膝の上に載せ少しも戦勝の威光で以て敗軍の将を軽蔑するといふやうな風が見えなかった事だ。その胆略の大きいことは所謂天空海闊で見識ぶるなどといふことは固より少しもなかった」と述べてゐる。南洲翁の態度が謹厳であれば海舟翁も亦厳粛であるべきは当然である。南洲翁の眼の大きかつたことは有名であるがこれに対して海舟翁のは非常に鋭かつたと云ふ話である。上野の南洲翁の銅像は翁の風貌を最も能く伝えてゐると云ふ。そこで、之を作画の参考にする為に写真を撮ることにしたが丈の高い銅像を同じ眼の高さから写さなければならず能勢写真師は其の為非常なる苦心を払ったと云ふ。

作画に際し人物に次いで調査と考証を要したのは、芝田町薩摩藩邸の座敷に就てゞである。目賀田男爵の談話に拠れば「高輪邸ト田町邸ハ別所ニアラズシテ高輪田町浜屋敷ナリ今ノ薩原ニテ先頃マデ現存セシメ破壊ノ事ヲ聞込ミ史蹟保存会ノ戸川残花ニ注意シテ写真ヲ取ラシメタリ尤モ玄関ハ当時ノ物ナリシモ座敷ハ早ク建換リ居タリ其頃マデ海岸ニテ元来砲台用ノ為ニ幕府ヨリ下附セラレシ屋敷ナリト云」と述べられてゐるのみで其の詳細の点に就ては殆ど明らかでない。結城氏は之が調査を島津公爵家編輯所の有馬純彦氏に依頼した。有馬氏の調査は次の如くである。

田町薩邸聞書

一　客間　　　　　　京式　十畳
一　床　　　　　　　本式
一　違棚　　　　　　本式
一　床掛物　　　　　狩野派絵画
一　同置物
一　襖　　　　　　　京式　緑黒塗　狩野派画
一　障子　　　　　　京式　緑黒塗　骨格子形　腰板画
一　書院窓　　　　　櫛形
一　欄間　　　　　　本式
一　畳　　　　　　　本式　白小紋べり
一　煙草盆　　　　　長方形　十文字紋付
　以上
島津忠重公御生母島津寿満子殿
元島津家家令維新前君側勤平田正之氏
元江戸留守居役早川五郎兵衛娘現島津家家令早川兼物氏実母
元維新前君側勤寺田弘氏

右四人へ聞合セテ大体ヲ知ル

此の調書の外に別に其の座敷の見取図を添えてあったが之が製作上甚だ参考になった。

結城氏は更に此の建物に類似する徳川末期の武家屋敷の座敷が現存するや否やに就て調査したところ、上野寛永寺内に、徳川慶喜公が維新の際隠棲された座敷が遺つてゐると云ふ。早速津梁院住職長沢徳玄氏の紹介に依り其の座敷の写生に出かけたが、帰途偶々輪王寺門跡大多喜守忍氏に面晤することを得た。同氏の語るところに依れば、此の建造物は先師在住の砌府中後方の現在の場所に移転の時改築を行ひ、当時の姿は殆ど失はれてゐるから自房の凌雲院（田安家位牌所）が昔の画で参考になるかも知れないと云ふ。直ちに同行して凌雲院へ行って見ると、其の座敷は有馬氏の調査した田町薩摩藩邸の見取図と殆ど一致するものであった。其の後同氏は屡々此処に足を運んで之を写生し、之に拠つて漸く薩摩藩邸の座敷の図を描くことが出来た。是に於て結城氏は更に秋庭義次を通じ三上参次氏に依頼して金子堅太郎伯爵の高批を乞い遂に此の図を決定するに至つたのである。因に有馬氏の調査並に見取図に拠れば薩摩藩邸の座敷には櫛形の書院窓のあったことが記されてゐるが、此の窓を描くと場面が何となく繊弱に見えて来るので、種々小下図を練つてゐる中に遂に之を除くことにした。又障子の腰張にも絵があつた様に思はれるが、之を描くと画面が五月蠅くなり主要人物に緊張を欠ひて来るので遂に之も止めることにした》

●西郷・海舟の人物習作と壁画完成

引き続いて『明治神宮叢書　第十八巻　資料編（2）』60頁以下を紹介する。

《田町薩摩藩邸の室内の図が略々決定したので、次はモデルを使用して人物の習作を始めた。丁度其の頃十三代守田勘弥が慶喜公の芝居をやつてゐた時で勘弥は特に其の服装で住人の姿に写真を撮り、且モデルに立ってもよいと云ふことであったが、結城氏は其の厚意を謝し、弟子の阪東弥三郎に来て貰つて、海舟翁の扮装で屡々之を写生した。又南洲翁のモデルとして伊達錦武士を頼んだが、此の人は元力士であつて、南洲翁の肥大なる体格を写すに最も適してゐた。ツ、ッポ、ダンブクロの服装を着け、薩摩藩邸の座敷と同様な光線を想定して、或は之を写真に撮って作画の参考にした。斯くて此等の資料に基き同氏は其の脳裏に去来する両雄会見の構想を小下図に描写したが、稿を改めること数度に及び大正十五年七月に至って漸く之が決定を見、同月十五日憲法記念館に於て開かれたる第二回邦画部下図持寄会に提出して、奉賛会の承認を得た。次いで大下図に着手し潜心熟考更に図様の不備を改め細部を補正し昭和七年夏に至って略々完成の域に達した。是に於て同年八月二十二日其の大下図を現場に掲揚して構図の不備を訂正し更に図中の各所を箇条書にして之に小下図の1枚を添え、浅野長武氏を煩はして浅野長勲《ながこと》侯爵（元広島藩主）の閲覧垂教《すいきょう》を乞うた。浅野長武氏の回答は左の如くである。

室　十畳位
床　一間半
　掛物　山水画画幅何れにてもよし
　置物同壺　随意
壁張　狩野家風の山水画然るべき
畳　普通
障子　家に依りて種々なり
天井　普通の板天井
服装　西郷
　髷　当時髷なれば茶筅　元結　紫紺
　衣服　ツ、ッポ、ダンブクロ　色柄記憶なし
　小刀　差したる儘
　　勝
　髷　結髪　総髪　旧幕時代には髪の前を剃る当時は総髪なりしやも知れず
　羽織　黒五ツ紋　当時は羽織着てよろし

衣色　勝手次第なり
袴　シマ　シマにてよろし
半衿　色勝手なり　三位以上は白を許れる　安房守なれば白よろしからん
小刀　差したる儘
大刀　左脇に置きてよろし
煙草盆　青は大なるもの出す二尺に一尺位の細長きものなり中に金の火鉢と金の煙草はたきあり別に二尺位の茶椀を天目台にのす
茶碗　昔は大なる茶碗を天目台にのす
座布団　昔は双方共全然なし
昭和七年十一月八日記
御尋の点に関し祖父の返答責覧に供し候
浅野長武

結城氏は此の回答に接し安心して愈々壁画本図の執筆に着手し線描に彩色に細心の注意と努力を払ひ日夜専念没頭して同年八月三十一日遂に之を完成するに至った。斯くて九月二日絵画館に搬入し即日現場に掲揚を了つたのである。顧れば着手以来実に九箇年に亘る長年月の苦心経営に依って

漸く此の大任を全うした次第である》

　このような経緯を経て、聖徳絵画館を飾る壁画『江戸開城談判』が完成し展示されたのである。

第7章　海舟が大刀を左脇に置きたる位置は妥当か

●海舟の大刀の位置

ここでひとつの大きな問題点を提起したい。それは海舟の大刀の位置である。本書49頁の壁画画題考証図では海舟の大刀は右脇に置いている。だが、12頁の壁画『江戸開城談判』では、海舟の大刀は左脇に置いている。画題考証図と壁画『江戸開城談判』は異なっているのである。

もちろん、壁画は結城素明が描いたのであるから、結城素明が大刀の位置を右から左脇に変えたことに間違いない。素明が変えたのである。

●閲覧垂教を受けた浅野長勲侯爵（元広島藩主）

前章で見たように、浅野長勲《ながこと》侯爵（元広島藩主）の閲覧垂教は、海舟の「大刀は左脇に置きてよろし」と明記している。

しかし、はたしてこれは旧幕時代における武士の作法として妥当なのであろうか。

その検討に入る前に浅野長勲について検討する。浅野長勲は、天保13年（1842）生まれで昭和12年（1937）、96歳にて死去。この当時としては大変な長寿を全うしている。

①『江戸三〇〇藩　最後の藩主』（八幡和郎　光文社新書　２００４）における浅野長勲

《広島藩（四二万六千石）の祖である浅野長政の妻は、秀吉正室寧々《ねね》の姉である。安政年間の藩主慶熾《よしてる》は、専売制の強化などで藩政改革に努めたが、近親に後継者がなく、父の従兄弟で広島新田藩を嗣いでいた浅野長訓《ながみち》（茂長55）を後継者とし、さらに長訓の甥でやはり広島新田藩主になっていた長勲（茂勲25）が嗣いだ。

藩主に長勲が就いたのは一八六九年（明治二年）だが、広島にあって二度の征長戦の渦中にあった長訓にかわって、長勲が京都政界での折衝に当たったので、幕末維新史には長勲の名の方がよく登場する。

浅野長勲公爵（国立国会図書館所蔵）

広島藩は、第一次征長でも融和的であったが、第二次征長にあたっては、小笠原長行に征長取りやめを訴え、先鋒を命じられたにもかかわらず兵を出さないこととし、征長総督で紀州藩主の茂承に停戦を進言した。

こうして、広島藩は薩長と並び討幕派の中枢を形成していくのだが、最後になって行き違いが起きる。京都で土佐藩が討幕派の機先を制する形で大政奉還の建白書を出すとなったとき、これに乗ってしまったのである。そこで、薩長からは一種の裏切りと見られることになり、倒幕の密勅からはずされてしまう。

小御所会議では強硬派の薩長と融和派の土佐などの中間にあって、議論を収束させるのに貢献した。鳥羽伏見の戦いでは、藤堂藩とともに敗走する幕府軍を砲撃し、中国地方の各藩を官軍に協力することでまとめ、江戸や東北方面に出兵して、賞典禄一万五千石も得た。だが、薩長土肥のような形で新政府で重きをなすことはできなかった。

最後の藩主になった長勲は、イタリア公使、華族局長官、元老院議官、貴族院議員などを歴任し、日華事変が始まった一九三七年に、九十六歳で隠居することなく当主のまま死んだ。実質的な「最後の殿さま」として象徴的な存在だった。また、長勲の回想録は、小御所会議出席者の証言としてしばしば引用されるし、大名の生活についてのもっとも信頼性の高い資料として使われる》

②『昭和まで生きた「最後のお殿様」浅野長勲』（江宮隆之　パンダ・パブリッシング　2015）における浅野長勲

江宮隆之氏は「この人がいなかったら、明治維新もその後の廃藩置県、版籍奉還などもうまくいったかどうか」と、明治維新後、元勲たちにこう思わせた人物が元安芸広島藩主、浅野長勲であると述べ、以下のように解説する。

歴史上、ほとんどその事蹟を知られていないが、幕末から明治、大正、昭和初期までを真っ直ぐに前を向いて生き、「最後の大名」とまで呼ばれた人物である。

西郷隆盛、大久保利通、岩倉具視、坂本龍馬、さらには徳川慶喜や孝明天皇とも親しく、新しい時代の開始に向けて、最後まで流血を回避するための努力をした。

維新後は、いち早く版籍奉還、廃藩置県したものの、藩士たちの生きる道筋をつけた。それが日本で初めての洋紙製造業である。幕末が終わり、明治に入ると、五月病のような状態に陥ってしまった元藩主たちも少なくなかったが、しかし、浅野は新時代のために何かをしなければという、強い使命感を持っていた。そう思い立ってはじめたのが洋紙製造業だった。

西洋文化の流入とともに洋紙の需要が増えていたが、当時は輸入に頼りきりの状態だった。浅野は事業を興すことで、その需要に応えようとしたのだ。

最初は注文が入らなかったという。そんなときでも工場を稼動させ、将来を見据えて在庫を確保しておいたというからスゴイ。後に政府によって紙幣が発行されはじめると、洋紙の需要が高まり、注文が急増した。忍耐強さもさることながら、時代の変化を読み取る能力に長けていたのである。さらに、華族銀行と呼ばれた第十五銀行の頭取を務め、明治の新聞『日本』発行にも手を染めた。イタリア公使としての責務も全うするなど、明治という時代に、実業の世界、言論の世界、政治の世界でも一目置かれる存在として人望を集めた。

明治随一のジャーナリストであった陸羯南《くがかつなん》、右翼の頭目とされた玄洋社の頭山満らは、その行動力と情熱に敬意を表し、江戸時代を描いた考証家であり作家の三田村鳶魚《えんぎょ》は、その知識と記憶力のよさに驚かされ、日本美術界のリーダーであった平櫛田中《ひらぐしでんちゅう》は、その品性と風格とに魅せられた。

そして歴史家の徳富蘇峰をして「大名らしき大名の典型」と言わせたのが、浅野長勲であった。

三田村鳶魚の「聞き書き」に、江戸城大広間の様子についても浅野長勲から教示されたという。大名の中でも比較的上位にある二十九家が着座する大広間、ここでは大名に座布団は敷かれず、お茶も飲めなく、火鉢もない。便所に行っても茶坊主などはついてこないので、手洗い手拭きも自分でするとある。我々が考える大名の生活とは違うリアルな「大名の暮らし」が浅野長勲からの「聞き書き」でわかったという。

また、幕末の四賢候と評された山内容堂、松平春嶽、伊達宗城、島津久光（あるいは島津斉彬）らとは一線を画し、浅野長勲は、爽やかに幕末、明治を生き抜いた。その後の人生を含め、前向きに将来を見据えて生きた。

江戸末期、幕末から明治維新、大正を経て軍国化する昭和初期まで、九十六年の生涯を凛として生きた浅野長勲こそ、誰よりも「最後の大名」と呼ばれるに相応しい存在である。

このような浅野長勲であるから、結城素明は浅野長武を通じて、昭和8年（1933）に閲覧垂教を乞うたのであろう。

③浅野長武が見た祖父浅野長勲

浅野長武（１８９５〜１９６９）。73歳で死去。東京帝国大学文学部国史科、同大学院。帝室制度史編纂、重要美術品調査委員などを歴任し、昭和26年（１９５１）東京国立博物館長に就任、在職は18年に及んだ。

東京国立博物館長時代には、美術界で話題となる大展覧会を開催し、館長在任中の１９６０年（昭和35）２月29日の浩宮徳仁親王（現・第１２６代天皇）および昭和40年（１９６５）12月６日の礼宮文仁親王（現・皇嗣）の「浴湯の儀」において、前田利建（宮内庁式部官）とともに鳴弦の儀を執り行った。

このような経歴からわかるように学識のある教養人である。

この浅野長武が『公卿・将軍・大名』（東西文明社　１９５８）で、祖父浅野長勲について述べているので紹介する。

《私の祖父長勲は、大名生活の経験者としてはあとまで生きていた一人であろう。なくなったのは昭和十二年で、九十六才だった。そのとき私は四十三才だったから、印象も数多くのこっているし、祖父から直接きいた話も記憶している。

維新のとき、祖父は二十五、六の若い大名だった。領地は芸州と備後の一部で石高は四十二万六千石である。三百諸侯といわれた大名のなかでは、大藩の部に入るであろう。

明治維新は、どの大名にとっても容易ならぬ時代だったろうが、祖父も非常な苦労をしたようだ。外様大名ではあるが、徳川将軍家とも姻戚関係にあって、家斉将軍の娘が、祖父の祖父斉粛の夫人であった。幕府に大政を奉還させて天皇親政の世にしようという動きは活発に行われていても、世間はそう単純なうつり方をするものでない。討幕論者のなかにも、急進論者もおれば、穏和派もいるといった実情であった。それらの人が、いろいろな利害を考えて意見を交換する。京都の御所でも会議が開かれる。そのころのようすを、祖父は感慨ぶかそうに話したことがあった。

慶応三年の秋から初冬にかけて、京都は風雲急であった。

十二月八日に、京都御所の小御所で会議が開かれ、維新の大方針がきめられた。摂政関白征夷大将軍以下の官職を廃して、新たに総裁、議定、参与の三職が設けられた。総裁には有栖川熾仁親王が任じられ、議定には山階宮、仁和寺宮のほか中山前大納言、正親町三条前大納言、中御門中納言の公卿と、五人の大名が任じられた。その五人とは、尾張前大納言(徳川家勝)、越前宰相(松平春嶽)、島津少将(島津茂久)、土佐前少将(山内容堂)、それに安芸新少将(浅野長勲)である。参与には岩倉三位(岩倉具視)、大原宰相(大原重徳)、万里小路右大弁(万里小路博房)、長谷三位(長谷信篤)、橋本少将(橋本実麗)などが任じられた。

そして小御所の御前会議では岩倉具視が中心となって会議を進めた。その頃御所では酒を出すわけにいかないので、お吸いものと称して、酒をのみながら徹夜で議論をたたかわせたものであった。

このとき徳川慶喜の処遇問題について、

「慶喜はすでに大将軍の職を辞して政権を奉還した以上、将軍以外の内大臣の朝官をも辞し、その封土人民をも朝廷に納めるべきである」

岩倉らの公卿はこのように主張する。

「慶喜すでに将軍職を辞して政権を奉還したのであるから、これを窮迫するのはよくない。よろしく優遇して、この会議にも列席させるのがよい」

土佐の山内容堂、後藤象次郎らの意見である。

双方の激論は夜ふけまでつづいた。いきりたった強硬派のなかには、

「山内容堂を殺せ！」

と、極端な意見をはくものまで出た。祖父は、なんとかその場の空気をしずめようと、両派のあいだを奔走したようだ。

「あのときは、まったくいのちがけだったよ」

と、祖父は当時を回想して語ったことがある。

《大名生活とか、大名ぐらしとかいう形容がある。ぜいたくざんまいな生活態度をさすかのようだ。ほしいものはなんでも買えて、おいしいものが沢山たべられると思っている人がいるようである。

しかし、大名の生活はそのようなものではなかった。藩主の生活は現代のわれわれの生活にくらべて、むしろ不自由な点が多かったのではないかと思う。

これも祖父から聞いた話だが、大名の不自由さといった例を二、三あげてみよう。

風呂に入るときの話である。祖父は、わかした湯をくみこんである風呂に入った。つぎの間まで、小姓がついてくる。そして、刀を持ってひかえている。浴室には、お風呂坊主というのがいて、大名の入浴の湯かげんに気をくばっている。それは身分のひくい者なので、殿様に、じきじき口をきくことはゆるされない。殿様も坊主にことばをかけることをしない。だから「あつい」とか、「ぬるい」とか、藩主が自分から坊主に口をきくことはできないわけだ。

そんなときには、

「あついようだ」

と、ひとりごとをいう。すると坊主がそのひとりごとをきいて、殿様の刀を持ってひかえている小姓に、

「お言葉がございます」

と知らせる。

小姓は浴室の戸をすこしあけて、

「お言葉でございますか」

と、たずねる。

「風呂があついから、うめさせて」

こんどはひとりごとでなく小姓にいいつける。

そこではじめて小姓から坊主へ、殿様の旨意をつたえて、水をうめさせるということになる。そのあいだ、祖父は風呂にはいることもできず、はだかのまま浴槽の外にいるわけなので、たいへん寒い思いをしたこともあるといっていた》

《祖父は昭和十二年二月一日に広島でなくなった。そのまえに、病床にいるということが、御所のお耳に達した。九十六才の高令であるから、私ども一族も心配していた。

するとある日、私が広島の祖父の許へ立とうとしているとき、侍従職から電話がかかって、

「おぼしめしがあるから」

ということであった。やがて特に御使で御料の牛乳や新宿御苑の野菜などを沢山ちょうだいした。ありがたいことだ。そっそく祖父にいただかせようというので、それを私が持って、特急で東京を出発した。広島の別邸へついたのが翌朝の四時ごろであった。そんな時刻に病室へ行くのもと考え、祖父が目をさますのを見はらかって、まず、看護婦を通して、私が東京からきたことを祖父に伝えた。それから私が祖父の病室へいって、見舞のあいさつをのべた。

祖父は心臓ぜんそくだったから、半臥の状態で、

「くるしいよ」

と、いっていた。私はころ合いをみてしずかに、

「じつは両陛下からの御拝領品を持参いたしました」

と祖父に伝えた。

「それは、どこにあるか」

と祖父がきいた。

「あちらの御居間の御床の間においてございます」

と答えた。すると祖父は、

「さようか。ハカマと紋つきをもってまいれ」

と側のものに命じた。

どうするのかと思いながら、祖父のハカマと紋つきを病室へとりよせた。やがて祖父はハカマを自分のねている腰のあたりに、紋つきを背後におかせた。そして、

「拝領品をここへもってまいれ」

といった。

いわれたとおり拝領品を病室に移した。すると祖父は半臥の姿勢のままで、しばし目をとじて、

じっとおじぎをしつづけるのであった。側の看護婦や側女中の涙ぐむ姿がみえるし、私も胸があつくなってきた。祖父は、口のなかでなにかいっているようだが、はっきりききとれなかった。きっと遥かに両陛下にお礼を言上していたのであろう。

ものの二、三分間もたってから、祖父は私のほうを見て、

「もうよいから、拝領品をもとの所へおけ。そちはすぐに東京へかえって御礼を言上せい」

といった。

それから祖父に拝領品をいただかせた。その後しばらくして、祖父は生涯をとじたのであった。

その時の祖父の様子は、今でもはっきり私の脳裡に残っている》

以上のように、『江戸三〇〇藩　最後の藩主』、『昭和まで生きた「最後のお殿様」浅野長勲』、『公卿・将軍・大名』の３冊から浅野長勲という人物像を探ってみた。

わかったことは、浅野長勲は幕末維新の真っ只中にいて、節目節目で活躍したということである。その活躍には当然に意見の異なる相手と抗争や議論があったであろう。その際に、常に身から離さなかった武士の魂としての刀、それをどのように取り扱っていたのであろうか。

大名とは、もともと平安時代末ごろに私田の一種の名田の所有者を指す言葉として使用されるようになり、名田の大小によって大名・小名に区別され、鎌倉時代になると大きな所領を持ち多数の

家子や郎党を従えている有力武士を大名と称するようになった。南北朝時代から室町時代にかけては、守護職が領国を拡大して大名領を形成したために「守護大名」とよばれた。戦国時代には在地土豪の掌握を通じて一円知行化を推進して守護にとって代わった有力武士が「戦国大名」とよばれた。

江戸時代には主に石高一万石以上の所領を幕府から禄として与えられた藩主を指す言葉となった。

このような経緯を経ている大名、まして浅野長勲は広島藩という大藩の大名であり、幼少時から武道の心得は教育指導を受けていたわけで、武士の統領・頭領であるから、武士としての心得は十分備えていたはず。

その大名がまさかと思うが、相手と対面する際に、常に左腰に差していたのであろうか。または、家臣である武士に、対面する相手と接する際、大刀を左脇に置くように指導していたのであろうか。

そのようなことはないだろう。武士の心得として、相手と対面する場合は右側に大刀を置く作法を貫いていたと考える。

このような前提で考えると聖徳記念絵画館の壁画『江戸開城談判』における海舟の大刀の位置は当然に右脇であらねばならない。

それを示しているのが画題考証図である。

では、それなのになぜに「大刀は左脇に置きてよろし」と浅野長勲は閲覧垂教したのか。何か重要で大きな背景があるに違いないと思い、そのためには浅野長勲が江戸無血開城という史実について、どのように理解していたかという検討が必要である。

しかし、その検討の前に「武士の刀作法」について基本的なことを整理したい。

●武士の刀作法

武士の刀の持ち方について、刀剣博物館の学芸員なら詳しいだろうと、壁画『江戸開城談判』の海舟が置いた刀の位置について、右か左側か、どちらが妥当なのか尋ねたところ、明確な回答は得られず、武芸格闘家に聞いた方がよいのではないかという返事であった。

そこで『武道通信』を発刊されている、杉山頴男氏の著書『使ってみたい武士の作法』（並木書房　２０１０）をまず参考にして述べたい。

同書には、次頁のようなイラストで「正座と刀の位置」が描かれているので引用させていただいた。

これは武士が他家を訪問した状態である。他家を訪問し、玄関土間に入り、応対に出た近習と挨拶を交わしたあと、右手で大刀を鞘のまま静かに抜き取り、右手にさげ、左手を添えて刀の柄を後ろにして持ち直す。柄が後方に鞘尻が下前に、刃を下になるように斜めに下げる。これで鯉口はす

正座と刀の位置（イラスト：小松直之）

ぐに切れなくなる。右手で刃を下にして持つのも、すぐさま抜刀できないからだ。そんな無礼はしない、ご安心をという暗黙のエールの交換である。

通常、応対に出た近習などに「刀はいかがするか」と問うのが一般的である。「お預かり申します」と答えれば、大小を近習に預ける。この時「どうぞ、そのまま……」と近習が答えたら、小刀を帯びたまま、大刀は右手で鞘ごと抜いて持つ。

近習に従い廊下を進み、控えの間に通される場合は、控えの間の敷居の手前でも座して礼をする。このとき、さりげなく白扇を襖の敷居の溝に置く。身を入れたとき、不意に襖を左右から締められたら首や頭をはさまれ、そこを襲われたら不覚をとる。

しばらくして客間に通される。畳の縁《へり》が三つ集まった箇所に座る場合もある。縁が三つ集まった箇所は、床下から手槍が突き刺さりにくい場所である。

訪問主の正面に正座し一礼する。左右の手を前方に出すとき、左手から先に、後から右手を出す。左手から先に手を出すわけは、抜刀する場合を想定すればわかる。抜刀する時、まず左手で鯉口を切る。鯉口を切らねば刀は抜けない。先に左手から出すことで、鯉口を切る意思のないことを伝えるのである。

前方に手を出したら、左右の人差指、親指の爪先を合わせる。これによって人差指と親指で三角形のすき間ができ、このすき間に鼻を近づける。両肘は畳につける。手を膝に戻すには、右手を先に引き戻して膝に置き、次いで左手を引いて膝の上に戻す。

すき間に鼻を近づけるのは、平身低頭のポーズではない。訪問先の家人に謀《はかりごと》があり、背後から押さえつけられたとき、床に鼻を押しつけられ呼吸ができなくなるのを防ぐ用心である。両肘を畳につけるのは、重心が利き、横、後ろから押されても簡単に崩れないためである。

下緒を右膝の下に置くのは、後方から刀を奪い取られぬ用心のためである。鍔《つば》を膝頭にピタリと付けておくのは、もし鞘だけ抜き取られても、鍔を右膝で押さえ、刀身だけは確保するためである。

もう少し、さまざまな資料で日本刀について調べてみた。

わかったことは、戦国時代と徳川時代後期とでは、社会の事情も違い、武士の態度も変わってきていることだった。戦国時代には刀は抜くべき場合であるとされたものが、江戸時代後期になると抜くべからず状態になってきた。

つまり、武士道の上でやむを得ない場合は抜いたが、抜かないのが本則となり、武士の刀は威武を身につけるにあって、いたずらに事を構えるためではなく、事を未然に抑えるための威武となったわけである。

さらに、武士は、抜けば血を見る刀を帯びていると思えば、おろそかには行動できずという責任感を生じさせ、自らの行動を自重することにつながった。

ここにおいて武士の人格はますます刀の上に磨かれ、刀を帯びることによって、武士の精神は高められ、武士道の発達を導いたので、武士と刀とは離れないものになっていったのである（『武士道の本義』堀内文次郎　モナス　１９３９）。

次に刀の取り扱い作法である。

普通、刀を提げる場合は刃を上にして右手に持つ。座した時には右側、あるいは右斜め前、または両膝の前方に柄を左にし、刃を内側にして置く。つまり、刀を置く場合に刃を他人の方に向けないようにする。

人に刀を渡す時には柄を自分の左にし、刃を自分の方に向くようにして差し出す。刃を外方にして、柄を左にするのは礼法に反するのである（『日本剣道及刀剣』萩尾孝之　東京開成館

もちろん、例外的な人物もいる。常に左脇に刀を置いていたという事例を『史料　徳川幕府の制度・昨夢瑣事』（小野清　人物往来社　１９６８）から引用する。

《我が剣道の師山田善速の如きは、座敷内にて来客に応待する時は勿論、家人一同とともに食事をなす時と雖も、主人席たる方三尺の囲炉裏の前に坐して、小刀を左の側に、直ぐに抜き付け得る状に、刃前を左に向けて置く、而も家人は勿論、一般来客もまた毫もこれを意に介せず》

このような武士もいたわけであるが、これは稀な人物で、一般的事例には当てはまらないであろう。

次に、侍の本質から考察してみる（『続新遠野物語』吉田政吉　国書刊行会　１９７３）。

侍というものは、現代人には想像もつかないほど、社会の指導階級、支配階級をもって任じていたもので、生まれ落ちるとともに、すでにその責任と誇りを自覚している存在であった。

武家とは、自分たちは領土の防衛者、社会秩序の保持者との強い信念を持っているので、その武力の象徴としての刀を大切にしたことは大変なもので、現代の我々にはとても理解できそうもないほど強く、刀は神聖かつ尊厳なものと信仰的にまで思っていた。

それで、刀は「武士の魂」と言ったのであり、その「信仰」は神仏以上で、何か大切な約束をする時、お互いの刀を触れ合わせて、金打《きんちょう》を打つということをした。これは武士の魂と魂を合わせるという意味のものであって、百枚の証文より固い誓約の証となったものであった。

したがって、これほど神聖な存在である刀は容易に抜けるものではなかった。いったん抜いた以上は、生命、身分、家柄をかけて責任をとらねばならない。テレビの時代劇のように、無雑作に引き抜いて振り回すなんてことはあり得ない。

昔の浪曲に「御殿で刃《やいば》を抜いたなら、家は断絶、身は切腹」という口上があるように、御殿内はもとよりのこと、人前で抜いたら、ことに町中の町人たちなどの前で抜いたら、人を斬ろうが斬るまいが問題ではなく、重ければ家は断絶、自分は切腹。軽くても家禄没収の上追放は免れなかった。

武家は滅多に刀を抜くものでなく、または抜きたくないという、もう一つの理由に刀の特性がある。それは日本刀が実に神経質なほど金錆《さび》がつきやすすかったからである。

日本刀は世界に誇る鋭利、壮美、勇麗をもってなるものであるが、金錆がつきやすいのは玉に傷とされる。

しかも刀は武士の魂であるから、その魂を金錆させたとなったら大問題である。これが上役にでも知られたら、たちまち「以ての外の不所存」と叱られた上、場合によっては減禄や追放の口実にされたという。

そこで武士は、金錆のつくことを極端に恐れ、時々出してみて手入れを怠らなかった。

ところがまた、その日本刀は意地が悪いほど外気に敏感で、湿気や水気に触れたらもういけない。

ちょっと息を吹っかけただけで、すぐ曇が出て、それが金錆の原因になる。芝居や何かで、刀を抜く時に手拭や紙を口に喰わえるのは、その息曇りをさせないためである。

だからましてや人間はもちろん、犬猫でも血のあるものを斬ったら、たちまち血曇りというものができ、拭《ふ》いても拭《ぬぐ》っても絶対にとれないものである。

それで昔は、斬殺犯罪があった時、容疑者の刀を調べるのは、第一の要件とされていたのである。刀に金錆がつくと「武士の魂に錆を発生させる不心得者」となるので、放っておけない。だが、さりとて、ただ手入れしただけでは金錆が落ちないので、砥直さなくてはならない。

この砥直し、包丁や小刀を砥ぐように、砥石にかけて砥ぐわけにはいかない。日本刀を砥ぐにはなかなか技巧を要するので、武士の中でも刀砥ぎのできる侍は、ほんの数えるくらいしかいない。そこで砥直しは、皆砥屋に持って行くのだが、この費用がバカにならない。一本砥ぎに出したら、安月給なんか飛んでしまうほどという。侍たちが刀の金錆を恐れるのは当然だったわけである。

これほど刀に金錆がつくのを恐れたのであるから、刀を帯びて雨の日に外出するのは何よりも禁物で、どうしても外出しなければならない時には、柄袋といって皮でつくった袋をかけ、水気の入らないように用心したわけである。

万延元年（１８６０）３月３日、時の大老井伊直弼が、桜田門外で水戸浪士に襲撃され、首を取られたが、その時供奉《ぐぶ》の者たちは、この日が大雪だったので、刀に水気が入るのを恐れ、井伊家と桜田門との間が目と鼻の距離だということに油断し、皆、刀に柄袋をかけていたので、水戸浪士の不意打ち襲撃に遭っても、刀を抜くことができず、鞘のままで戦ったので、手やすく討たれてしまったという話が残っているように、それほど昔の武士は刀に水気が入るのを恐れたわけである。

武士は刀を魂として扱っており、刀を抜く必要のないことを究極の目的、理想としているのである。そして、人を斬る必要のないように、人を斬る術を習得するのが剣道である。

この理想像が鉄舟である。鉄舟は武士道の権化とも言われ、無刀流を創出し、幾度となく死生の間に出入りしたはずだが、一度も人を斬ったことはない。

以上から、壁画『江戸開城談判』は、武士としての常識・良識からおかしいと結論でき、二世五姓田芳柳が描いた右脇に刀を置いた構図の下絵と画題考証図が、旧幕時代の刀取り扱い作法として妥当だと判断するが、結城素明は、この刀の取り扱い作法を違えて描き、それを浅野長勲という元大大名が認めたのである。何故なのであろうか。

この究明には結城素明という人物を分析する必要がある。素明は画家であるが、著述も多く、幅広く多方面で活動している。素明をさまざまな角度から分析することが、壁画『江戸開城談判』の構図検討につながると考えるので、次章で詳しく述べたい。

第8章　結城素明の検討

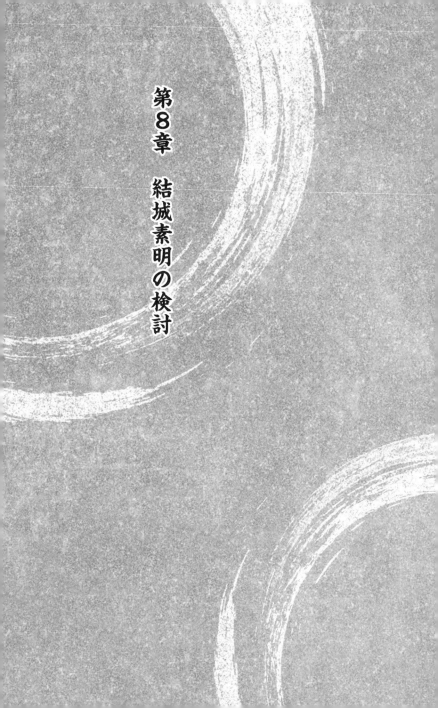

●忘れられかけている画家

美術評論家で昭和55年（1980）山種美術館学芸部次長に就任した小池賢博《まさひろ》氏が、昭和60年（1985）に山種美術館で特別展「結城素明——その人と芸術」が開催されるにあたって、「結城素明について」という一文を書いている。

《結城素明は忘れられかけている作家である。長く官展で活躍し、東京美術学校で数多くの画家を育て上げているにもかかわらず、である。昭和三十二年（一九五七）三月に没し、その一年後に東京銀座の松屋で遺作展が開かれて以来、実に二十七年ぶりに、今回の展覧会で素明の作品がまとめて展示されるのである》

《同僚だった平福百穂《ひらふくひゃくすい》や鏑木清方《かぶらぎきよかた》に比べ、評価される機会が少なく、不当と言いたいほど顧り見られない存在であった。素明の古今東西にわたる絵画の研究は深い。その成果を果敢に自作に摂り入れ、次々と日本画の新地を開拓した、その作品は現在なお新鮮なかおりをたもっている》

結城素明は明治8年（1875）、東京府本所区荒井町で生まれている。今でいえば、墨田区本所2丁目あたりである。

生家は酒商を営む家で、本名の貞松は勝海舟が命名したといわれている。ちなみに素明の号も海舟である。海舟自筆の銘名記が残っている。

素明は幼児から絵を嗜《たしな》んでいたが、明治24年（１８９１）、16歳の時に岡倉天心の紹介で、川端《かわばた》玉章《ぎょくしょう》に入門、翌年東京美術学校日本画科に入学し、明治30年（１８９７）に卒業し、西洋画科に再入学しているが、この頃からアルバイトとして、丸善その他の広告図案のデザインをやっている。明治30年（１８９７）の卒業制作『兵車行』は、出来ばえが素晴らしく、校外にも結城素明ありと知られるほどで、天心校長も期待をかけていた。下村観山を想わせるような達者な筆、彩色の大作だった。

このように素明の出発点は「歴史人物画」であったが、次第に自然に取材した自然な描写の方向へと向かうことになる。

明治33年（１９００）12月に東京美術学校西洋画科を中退、1年志願兵として近衛歩兵第二連隊に入営、翌年の12月、曹長として除隊した。除隊後は本格的に洋画の方へ進むつもりであったが、明治35年（１９０３）９月に、母校の日本画科の嘱託となった。運命の皮肉である。

明治37年（１９０４）２月に助教授に昇任するが、やがて日露戦争が始まり、召集されて留守師団付となった。明治38年（１９０５）秋に除隊。大正２年（１９１３）３月に教授となる。

明治33年（１９００）３月に无声会《むせいかい》を創設。自然主義を綱領とし、常に自然の研究につくし、その実効を上げるようにつとめた団体で、川端玉章の門下生が中心で、主唱者は結城素明、福井江亭《こうてい》であった。

日本美術院の理想主義、浪漫主義に対抗して、画風の上では日本美術院のいわゆる朦朧《もうろう》的な画風をよしとせず、西洋風の写実を日本画に摂り入れ、観念の表現をきらい自然の風趣を写して、その情感を描き出そうとする主張であった。

これは西洋画科へ再入学した時点で、素明には西洋の写実を日本画に活かそうとする気持ちがあったに違いない。

无声会は明治42年（1909）に半折《はんせつ》画展を初めて開いた。これが大いに好評で、半折画展の嚆矢となった。

その明治44年（1911）に、漫画風の気分の作品と、減筆による墨画を出品した（注：減筆とは筆数を極度に省略し、そのものの本質を表現しようとしたもの）。

『第11回无声会半折書集』
表紙（国立国会図書館所蔵）

この年には団扇絵展覧会も開いている。このように素明は新しい日本画の創造に積極的であった。

无声会の活動が、近代の日本画に与えた影響は大きい。无声会の特色は第一に、人間の日常生活を何のでらいもなく、潤いのある筆触《ひっしょく》で描いたことである。

もう一つの特色は、装飾味を付加したことであった。近代の初頭にあって写生を重んじた円山四条派が、无声会によって、現代へ向かって、さらに新しい脱皮を遂げたのである（注：徳島県立近代美術館の解説では、円山四条派とは、江戸中期、円山応挙によって始められた写実的な絵画の流派円山派と、その流れをくむ応挙門下の呉春の開いた四条派を併称したもの。その画系には塩川文《しおかわぶん》麟《りん》、幸野楳嶺《こうのばいれい》、竹内栖鳳《せいほう》らが相次ぎ、明治の京都画壇に大きな影響を与えた）。

素明の主な入選、受賞歴は以下のとおり。

明治40年（1907）3月、東京勧業博覧会で『蝦蟇仙人』が入選。

同年10月、第一回文展で「無花果」が入選。

明治44年（1911）の第5回文展『囀《さえずる》』で入選。褒状受ける。

大正元年（1912）の第6回文展『甲たる馬』で入選。褒状受ける。

大正2年（1913）の第7回文展『相思樹下杷金絲図』で入選。

大正3年（1914）の第8回文展『箇是劉家黒牡丹《こわこれりゅうけのくろぼたん》』で入選。

大正5年（1916）の第10回文展『歌神』で特選。

大正6年（1917）の第11回文展『八千草』で特選。

大正7年（1918）の第12回文展『夏山三題』で推薦。

文展とは明治40年に文部省美術展覧会として始まり、大正8年（1919）に文部省管轄下の帝国美術院展覧会（帝展）に改まり、昭和21年（1946）に日本美術展覧会（日展）となり現在に至っている。

ところで、素明は明治40年の第一回文展で「無花果」での入選以後、明治44年の第5回文展に『囀』で入選し褒状を受けるまでの4年間、无声会展を別にすれば、ほとんど注目作を発表していない。このあたりの事情を友人の高島米峰は、この時期、素明が病んで、家庭にも疲れていた。また、美術学校改革運動の煽りで一部の人から攻撃されていたためという。ちなみに素明は明治37年（1904）に結婚、明治44年（1911）に長男貞昭をもうけている。

大正5年（1916）に金鈴社が結成された。金鈴社とは、会派の縛りがない自由かつお互い切磋琢磨しあえる場としてつくられたのである（『白河を駆け抜けた作家たち』図録「結城素明と白河」藤田龍文白河市歴史民族資料館　1999）。

金鈴社の第一回展は大正6年に開催された。ここに出展したのは素明、吉川霊華《きっかわれいか》、平福百穂、鏑木清方、松岡映丘《まつおかえいきゅう》で、大正11年（1922）が金鈴社の最後の第7回展となった。

大正8年（1919）に文展が廃止となり、新たに帝国美術院が組織され帝展を開くことになり、素明、鏑木清方、松岡映丘が審査員に選ばれたが、金鈴社最後の第7回展終了後は、金鈴社のメンバー全員が審査にあたった。金鈴社は帝展の中枢を占めるに至ったのである。

大正12年（１９２３）春から大正14年（１９２５）３月まで素明はヨーロッパに文部省留学生として滞在。

帰国後の昭和２年（１９２７）には傑作が２点ある。１点は５月の第二回東台邦画会展に出品された『寒山凍雲《かんざんとううん》』である。静かな、奥の深い作品である。細かな、丹念な墨によるデッサンの上に淡彩がのせられたような趣があり、厳しい冬の実感がこめられており、精神性を含んだ東洋の写実の伝統が見事に生きている。

もう１点は、同年10月の第８回帝展出品の『山衡夕暉《さんこうせっき》』で、一転して、西洋近代画への傾斜を示している。江の島・片瀬の石切場の夕方の景を描いたこの作品は、これまでにない新しい境地を見せ、大胆な面的な分割された色面で画面を組み立てるやり方は、セザンヌやピカソを想わせるほどである。実に力強い作品で、後の日本美術院の奥村土牛《おくむらどぎゅう》や小倉遊亀《おぐらゆき》につながっていくものがある。

しかし、この方向は中断され、昭和４年（１９２９）、帝展に『嶺頭白雲《れいとうはくうん》』、昭和９年（１９３４）の第15回帝展に『炭窯』などを発表していく。

これら素明の作品を眺めていると、さまざまな画風が平行して、あるいは前に戻って、新たな展開を見せるようなところがある。

しかし、さまざまにぶれながらも素明は一つの筋を通してきた。素明芸術の面目は、東洋の伝統画法を守りながら、しかも西洋画の写実を追求した点にある。

素明にはまとまった芸術観の吐露はないようである。雑観や評論文のたぐいはあまり残されていないが、大正2年（1913）1月、東京美術学校教授となった38歳の時に美術雑誌『多都美』に投稿している。タイトルは「先ず自己の頭脳を作れ」で、次のようなことを強調している。

それは、「いくら技術が優れていても頭のないものは直に行詰ってしまう。したがってこの状態では、これからますます激烈になる競争に堪えることが出来ないだろう。だから、如何にしても先ず頭をこしらえる要がある」

「西洋の画家は雑誌も見れば、音楽会にも行く、芝居も見るというように見聞を広めることに力めている。日本の画家はこれに反して雑誌も求めなければ、音楽も、演劇もおろそかにしている。彼等の思想の単純なる原因の一つは確かにこのためである。このところは西洋の画家に習うことが必要だと思う」

ヨーロッパで学んできた素明の感想であるが、要するに自己の確立、新しさの追求、幅広い教養が必要かつ重要だと説いているのである。

自らが実行していることであろうことを参考に、画家を目指す若人に期待する理想に燃えた文章である。

この『多都美』の文章どおりで、素明は博学多趣味、多才多能、図案にも長じ、理知の人で『東京美術家墓所誌』『芸文家墓所誌』などを編輯刊行している。

広くさまざまな流派の技法を知っていた素明は、教師として適任であり、多くの優秀な弟子が育っていった。その代表的人物が東山魁夷《ひがしやまかいい》である。

しかし、以下のような評価もある。それは「結城素明と白河」（『白河を駆け抜けた作家たち　図録』〔白河市歴史民俗資料館　１９９９〕）を執筆した藤田龍文氏の評文である。

《伝統的日本画法を川端玉章らに学び、更に西洋画法を積極的に取り入れた。独自の特色を失わず、新しい試みを散り入れ変化していった。しかしながら、余りにも博学多才であったため、画風の表現の幅が広く、素明の画風はどういったものか、代表的作品は何か、と戸惑ってしまう》

この「代表的作品が見当たらない」ということは、素明を理解するうえでも、現時点で素明作品が常設展示されているのは、聖徳記念絵画館の壁画『江戸開城談判』と『内国勧業博覧会行幸啓』だけであることを考えると、なるほどと思える指摘である。

また、このようなことが冒頭に紹介した美術評論家・小池氏の見解「結城素明は忘れられかけている作家である。長く官展で活躍し、東京美術学校で数多くの画家を育て上げているにもかかわらず、である」の背景ではないかと推察する。

●東山魁夷による結城素明の評価

昭和60年（1985）に山種美術館で開催された特別展の図録『結城素明――その人と芸術』に、東山魁夷が「結城素明先生を偲んで」の一文を書いている。かいつまんで以下紹介する。

《大正15年（1926）の春、私は東京美術学校日本画科に入学した。先生は私が美校に入学する前の、大正期初期から終りにかけて、最も華々しい活躍を続けた。昭和になってからの先生は、2年に『山銜夕暉』、4年に『嶺頭白雲』、9年の『炭窯』、10年に聖徳記念絵画館の『江戸開城談判』と、力作を次々に出品された。

先生からは「平凡なものを緻密に見れば、非凡な発見がある」「心を鏡にして自然を見ておいで」と言われ、現在に至るまで私の心に深く刻まれている。

先生は若い頃から西欧的な合理主義を身につけておられましたが、一面、江戸っ子の庶民性と、日本並びに東洋の心、ことに仏教についての知識と関心は非常に深いものがありました。明治、大正、昭和にかけての日本画壇の先駆者であり、巨匠でもありました》

この東山魁夷の一文、二つほど引っかかる。

一つは「傑作」ではなく「力作」と述べていることである。『新明解国語辞典』（三省堂）によると「力作」とは「その人なりに全精力を傾けて仕上げたという印象が感じられる作品」、「傑作」は、

「すぐれた出来ばえの作品」とある。

美術評論家の小池賢博《まさひろ》氏が書いた、山種美術館で開催された特別展の図録『結城素明について』では、欧米留学から帰国後の昭和2年（１９２７）に、素明には傑作が2点あるといい、1点は5月の第二回東台邦画会展に出品した『寒山凍雲』。もう1点は、同年10月の第8回帝展出品の『山銜夕暉』である。

『寒山凍雲』についても、静かな、奥の深い作品で、細かな、たん念な墨によるデッサンの上に淡彩がのせられたような趣があり、厳しい冬の実感がこめられており、精神性を含んだ東洋の写実の伝統が見事に生きている、と小池氏は述べている。

昭和を代表する日本画家の一人といわれ、文化勲章受章者である東山魁夷であるから「傑作」と「力作」の区別はわかっているはず、という前提に立つならば、やはり、魁夷からみると素明作品は「力作」という判断になるのだろう。

絵画の出来ばえの評価はこのくらいにして、もう一つの引っかかりは聖徳記念絵画館の壁画『江戸開城談判』を力作と称していることである。巨匠の東山魁夷が述べるのであるから、そのとおりと思いたいが、本書14頁のような「紙芝居のような絵」という評価もあるので、これは簡単にうなずけない。

何故にこの指摘するようなレベルになっているのだろうか。その大きな要因にあるのが、二世五姓田芳柳による画題考証図の提示にあったはずである。

ということは壁画『江戸開城談判』も、素明が構図を考案したわけでなく、画題考証図に基づき描いたものである。

また、素明の描いた壁画と画題考証図は、大刀位置を除いてほとんど同じ構図である。特に画家としての素明の創造性を発揮したとは思えない。

●結城素明の出版物

前出・小池氏が、素明には『東京美術家墓所誌』（昭和11年）、『芸文家墓所誌』（昭和28年）などの出版物があると述べている。

実は、この2冊以外にも、『東京美術家墓所考』（昭和6年）、『勤王畫家菊池容斎の研究』（昭和10年）、『伊豆長八』（昭和13年）、『行誠上人遺墨集』（昭和16年）、『勤王畫家佐藤正持』（昭和19年）も刊行している。

このように精力的に出版をしている画家は珍しい。何かを持っている人物と考えられ、それが壁画『江戸開城談判』の海舟刀の位置に関係がある可能性も考えられるので、まず、『東京美術家墓所誌』（昭和11年）から検討してみる。

この書の序文には次のように書かれている。

《物には本末あり、事には終始あり、先後する所を知れば、則ち道に近しといふ。曩《さき》に余が東京美術家墓所考（昭和６年）を公にせしは、一に此の事を心して、古の名人練達の士を天下に明らかにし、以て現代の芸苑に対し、自ら顧て新芸術の領域を開拓せんと欲したるのみ。然るに客歳《かくさい》（去年）帝国美術院の改組に端を発し、芸苑未曾有の不祥事あり、而して温故知新以て師となすべき事を忘る。余が再び秀筆を呵して、物故美術家を供養記念せんと欲するに至りたるの真意、実に茲に存せり》

誠に立派な出版意図であると評価したい。

続いて凡例に下の注記がされている。

①本書には、東京に在住したる美術家並びに美術関係者の墓所を、地域別、寺院別、墓地別に排列して、其の没年、行年、法号、略伝及び墓石の現状等を略述した。

②本書に記載せる墓所は、最近著者が殆ど実地に掃苔供養したるものにして、其の調査事項は、墓石、墓標、又は過去帳等に基き、不備の点は、諸種の史料或は識者の垂教によりて之を補えり。

ここで素朴な疑問が浮かぶ。そもそも画家が墓所について、このような調査を行い、それを出版するものであろうか。

その疑問に対して、『続山河あり』（平泉澄　立花書房　１９５８）が、昭和28年出版の『芸文家墓所誌』を次のように評価している。

なお、平泉澄《ひらいずみきよし》（1895〜1984）とは、歴史学者で専門は日本中世史。国体護持のための歴史を生涯にわたって説き続けたことから、皇国史観の代表的な歴史家といわれており、彼の歴史研究は「平泉史学」と称されている。

《昭和28年に出版した『芸文家墓所誌』に至って、地域の上では、北海道から九州まで、ひろく全国に及び、人物の方も、ひとり畫家に限らず、尾崎紅葉・森鴎外・夏目漱石・幸田露伴・西田幾太郎・河竹黙阿弥・伊井蓉峰・犬養毅・ケーベル・フェノロサ等の文学芸術に関係ある人々を網羅し、総計千百七十二名に上っている。しかも、それは、只其の墓所を記すのみでは無く、生れた年を記し、生れた所を述べ、略伝を附し、著書を挙げているのである》

《私は本書によって、多くの事を知った。就中、大東亜戦争の最中、及び戦後の数年間は、戦雲に包まれ、戦敗に禍されて、動静も分らず、訃報も知らずにすごして来て、本書によって初めて其の不幸を知った人々も少なく無かった》

《本書は、名は墓所誌であるが、実は人名辞書であって、今後人名辞書を作ろうとする者にとって、極めて便利な手引きとなるものといふべきである》

ひとつの事例として『芸文家墓所誌』に記載された、鉄舟から影響を受けた九代目「市川團十郎」から紹介する。

九代目市川団十郎の墓（著者撮影）

《市川團十郎（俳優）赤坂青山南町　青山墓地（神式）本名堀越秀、天保九年十月七代目団十郎五男として築地に生る。五歳初舞台、明治七年九世団十郎襲名、稀世の天才を発揮し創作に所演に、往くとして可ならざる無く、正に劇聖の名を辱めぬ不世出の団十郎と称せらる。大正七年九月浅草公園に新海竹太郎作「暫」の銅像成り其銘並序の撰文は森鴎外、書は中村不折なり（戦争で応召）。昭和二十五年九月文化切手発行され、同十一日嗣三枡の「九代目市川団十郎」上梓さる。明治三十六年九月十三日没享年六十六》

では二世五姓田芳柳について『芸文家墓所誌』はどのような記述をしているか。

《五姓田芳柳（画）白金三光町　専心寺墓地
名は子之吉、二代芳柳を継ぐ。昭和十八年一月十九日没享年八十。同螢に初代芳柳の墓あり》（前編東京美術家墓所誌参照）

これだけで、誠に記述が簡単である。ところが、初代芳柳が記された『東京美術家墓所誌』をみると詳しく書かれている。要点のみ紹介する。

「紀州藩士浅田富五郎の男、本多、猪飼、津田、森田の四家に養はれ、五姓の祖先を祀るの意より自ら五姓田と称すと言ふ、畫を井草国芳、樋口探月に学び、又長崎に於て和蘭書を見て洋風の一派を創始す」

この後に墓石に刻した内容の説明が続くが、二世五姓田芳柳と比べて格段に詳しい。ここから推測すると、素明は二世五姓田芳柳をあまり重要視しておらず、それほど意識もしていなかったと思われる。

●その他の出版物

結城素明の著作、『東京美術家墓所考』（昭和6年）、『東京美術家墓所誌』（昭和11年）、『芸文家墓所誌』（昭和28年）の3冊は墓所関係の書籍で、美術家、芸文家の墓所の所在地、生年、出身地からそれぞれの実績、功績を記した人名録である。

その他に『勤王畫家菊池容斎の研究』（昭和10年）、『伊豆長八』（昭和13年）、『行誠上人遺墨集』（昭和16年）、『勤王畫家佐藤正持』（昭和19年）があり、名工、高僧、画家などの偉材を取り上げたもので、勤王畫家というタイトルつけているものが2冊ある。

このことからも素明が日本の歴史・文化に対する造詣が深く、そこに根付いている日本刀の良識・

常識を熟知していたと考えるのが自然である。

また、素明は前述したように陸軍に入隊していた時期もあるのだから、刀の取り扱いには詳しいだろう。

ということは二世五姓田芳柳の画題考証図に描かれた海舟の刀位置、これについては当初は疑問に思っていなかったと思う。

だが、壁画では、左脇に刀を配置した構図にしている。何故、画題考証図どおりに描かないのか。この解明のために、墓関係に続いて「勤王畫家」について書いた2冊と、これに関係する『行誠上人遺墨集』について検討してみる。

まずは『勤王畫家菊池容斎の研究』から検討する。

菊池容斎《きくちようさい》（１７８８～１８７８）は、幕末から明治時代初期にかけての絵師。旧姓は河原。本名は量平または武保、別号に雲水无尽庵など。『前賢故實《ぜんけんこじつ》』の作者として広く知られている。91才没。

『前賢故實』とは、江戸時代後期から明治時代に刊行された伝記集。全10巻20冊。上古から南北朝時代（後亀山天皇の代）までの皇族、忠臣、烈婦など585人、これを時代を追って肖像化し、漢文で略伝を付したもので、日本の歴史上の人物を視覚化したものとしては画期的であり、明治中期頃から国家意識の高まりにつれ盛んに描かれた歴史画において、バイブルとしての役割を果たしたという。

その『前賢故實』について、前述の歴史学者の平泉澄は著書『続山河あり』で次のように解説している。

《『前賢故實』は全部で二十冊、巻を開けば、右に漢文を以て略伝をかかげ、左に其の像を描いて、古人を髣髴たらしめてゐるが、それは神武天皇の御代、可美眞手命《うましまてのみこと》より始まって、後亀山天皇の御代、細川頼之に終り、すべて五百九十一人に及んでゐる。その選擇の標準、著述の目的については、容斎自身、天保七年に作った序文の中に、かう云ってゐる。本書は、少年の為に、之を編述したのである。抑《そもそ》も我が国は、開闢以来、皇統一定して萬古易らず、政治の正しく、風俗の美しい事、萬国にすぐれてゐるのは、蓋し御歴代天皇の御徳による事であるが、其の御姿を写し、其の御事蹟を説く事は、恐れ多く思われるので、之は御遠慮申上げたい、然しながら臣民の中に賢者あり、忠臣あり、孝子あり、烈婦あり、文人あり、才子ある事は、之を少年後輩に知らせなければならない、しかも世間の実情を見るに、少年の時には遊戯に日を暮らし、成人の暁には事務に忙しく生活に追われて、歴史をひもとく暇も無く、結局前賢の事蹟を知らずして一生を送る者が

可美眞手命（国立国会図書館所蔵）

尠くない、よって其の弊を救はんが為に、少年の親しみやすいやうに、前賢の肖像を描いて、之に略伝を加へ、また其の人の詩歌を像の上に掲げて、本書を成した、その牧載するところ、上古より南北朝の末に至って、総計五百有余人、もとよりただ萬分の一を挙げたに過ぎないが、もし少年之に親んで、今日の国勢の盛、風俗の美が、聖君賢臣二千年来の徳功に基づくものである事をさとるならば、少しく人心忠孝の事に役立つであろう、と、かういふ意味を、堂々たる漢文で記してゐるのである。即ちこれは、少年用の輸入日本史である。或はこれ歴史畫廊と云ってもよい》

画像は可美眞手命（『前賢故實』巻の１　国会図書館オンライン）からである。

平泉澄は同書の中で、素明の『勤王畫家菊池容斎の研究』についても触れる。

《私は年来之（注『前賢故實』）を尊重し、愛読していたのであるが、著者の菊池容斎その人については、多く知る所が無く、調べたいと思ひながら、調べるたよりもなくて、つい其の儘になってゐるうちに、図らずも『勤王畫家菊池容斎の研究』を著し、それを一部私にまでも寄贈せられたのが、外ならぬ結城素明畫伯その人であった。それは昭和十年秋の事であって、之によって初めて容斎の伝が明らかになったのである》

《素明畫伯の『容斎の研究』は、その結語において次のように論ずる。「昭和の芸術を論ずる者は、宜しく、皇国の理想とするところを自覚して、現実に即した絵畫的表現を企画すべきであると信じる。何となれば、現実の自然と、現実の社会に直面せず、更に、技法的粉本模写の風より超脱しなければ、容斎の言ふところの、真の一流の畫祖となることは出来ないからである。例えば、支那の老荘の南方思想に発祥するところの、単色の墨絵の中に観念する所謂東洋の理想なるものの表現が、我が国芸術の本義であると独断してはならない。勿論古畫の研究は必要である。併しながら古畫の研究は、其の発祥の経路を知り、またこれを精神的方面より見て再検討し、取捨し選擇しなければ、必ずしも、現代の日本に適合するものでないからである》

《畫伯の此の精神は、その後約十年、昭和十九年に発行せられた『勤王畫家佐藤正持』を見る時、一層明らかになる》

そこで、次は『勤王畫家佐藤正持』をみてみたい。

佐藤正持《さとうまさもち》（1809〜1857）は、江戸時代後期の画家。春木南湖、谷文晁に師事し、浮世絵もまなんで名をなす。国史に通じ歴史画を得意とする。西国を歴遊後、備中（岡山県）倉敷の医師石坂空洞宅に身をよせ、『皇朝畫史』を制作した。江戸出身。通称は理三郎。号は北溟。49歳没。

素明は『勤王畫家佐藤正持』の序（昭和18年11月9日）で次のように述べる。

《此の時（大東亜戦争）に當り、翻って吾等は、嘗て明治維新の以前に於て、外夷撃攘を叫び、尊皇の大義を以て、皇道世界観の顕現を念願したる人々の業蹟を回顧し、爰《ここ》に其の一人である市井の畫人佐藤正持の研究経過を公にする。正持は未だ殆ど世に知られてゐないが、併し勤皇畫家として国史畫を描き、畢生の大著『皇朝畫史』七巻並に附録一巻を完成している》

《思えば昨年春此の畫完成の為に専念従事中、当時海軍軍医少佐として従軍中の長子貞昭は、南海に散っている。此の栄光の日に此の畫成り、無窮の聖徳を仰ぎ見て、貞昭の英霊に此の畫を手向けんと欲する次第である》

素明は大東亜戦争が敗色気味になってきた昭和19年（１９４４）に前書を出版したが、その重要な背景として長男貞昭が昭和17年（１９４２）ビスマーク諸島方面で戦死したことを挙げている。

前出・平泉の『続山河あり』は、『勤王畫家佐藤正持』について次のように述べる。

《容斎の伝は明らかでなかったが、その名は天下に喧伝してゐた。之に反して、正持といふ畫家は、殆んど世に知られてゐない人であった。しかるに素明畫伯は、先ず容斎の伝を明らかにした後、次に正持といふ人物をしらべて、之を世に紹介せられた。容斎は天明八年に生れて、明治十一年六月十六日、九十一歳の高齢を以て没した。正持は文化六年に生れたといふから、容斎よりおくれる事二十一年であるが、安政四年八月九日四十九歳にして没したので、斎容よりは二十一年前に亡くなったのである。且つまた容斎は、その大著『前賢故実』二十冊も、増上寺の福田行誡《ぎょうかい》上人の援助により、篤志の寄付を得て之を出版する事が出来、その書は天覧に供せられて、特に「日本畫士」の称号を賜はつたのに反し、佐藤正持の苦心して作った『皇朝畫史』は、神武天皇の御代より始めて、慶長元和の交に及び、歴史の推移、忠臣勇士の事績を描き出した苦心も報はれず、遂に出版する事が出来ずに終ったのであるが、その不幸に同情し、その志に感じて、百万捜索して、その伝を明らかに

行誡上人遺墨集（国立国会図書館所蔵）

せられたのが素明畫伯であった》
《十年前の菊池容斎伝と、十年後の佐藤正持伝とを並べて見て、ここに共通するものを探れば、それいふまでも無く、日本歴史の尊重、特に忠義の士、風流の人に対する深き感激である。その感激に駆られて、容斎は『前賢故實』を著し、同じ感動に促されて、正持は『皇朝畫史』を作った。そして前者が文政の初めに筆を起し、天保七年には既に成った事を考え、また後者が安政四年には既に病没して居る事を思へば、幕末の思潮が何を志向してゐたか、明治維新の本質がいかなるものであったか、それらの重要なる問題を解決する上に、是等の事蹟の事実は一つの據點を与へるであろう。同時にそれは、結城素明畫伯その人の為人《ひととなり》、その目標を示すものといふべきであろう》

平泉澄は、素明の本質を突いていると感じる。素明は尊皇家であるが故に、勤王畫家二人について出版したのである。

なお、上記に出てきた増上寺の福田行誡上人とは、文化６年（１８０９）、武蔵国豊島郡山谷に生まれ、明治21年（１８８８）没。88歳。明治維新の神仏分離や廃仏毀釈の渦中にあって、仏教における戒律を復興し、旧来からの僧弊の一洗をもくろみ、内省・持戒の生活を提唱し、かつその実践にあたり、世紀の大事業といえる『縮刷大蔵経』の出版に助力した人物である。

筆者も研究書を何冊か出版しているが、本を著すまでには相当な研究が必要で、片手間でできるようなものでない。

画家である素明は本業の絵に投入する時間を削り、相当出版の方に割り振ったであろうと推察する。

このように考察するならば、素明は絵画以外に、別の「何か」を求め続けていたのではないだろうか。そのひとつが尊皇精神の発揮出版であり、古の名人練達士の業績を現代の芸術界へ伝えようとする墓の出版であったのだろうが、しかし、素明が求めていた「何か」の本質は、もう少し究明しないとわからない。

●伊豆の長八

素明を語るうえで重要な書籍としてもう1冊、『伊豆長八』（昭和13年刊）を取り上げたい。

伊豆長八とは江戸末期から明治にかけて活躍した鏝絵師・入江長八のことで、鏝絵は「鏝《こて》」、つ

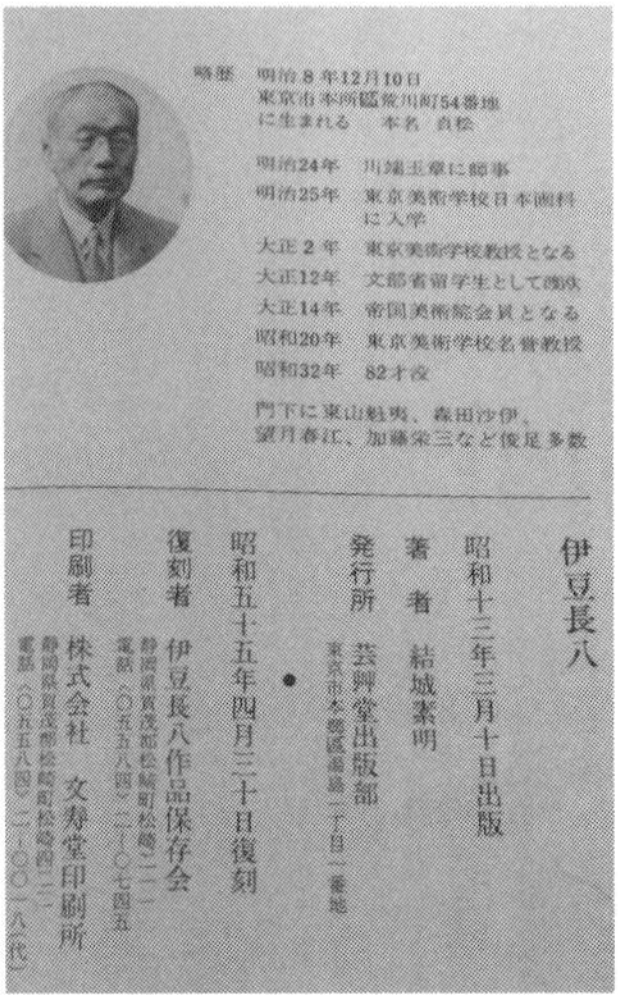
略歴　明治８年12月10日
東京市本所區紫川町54番地
に生まれる　本名　貞松

明治24年　川端玉章に師事
明治25年　東京美術学校日本画科
に入学
大正２年　東京美術学校教授となる
大正12年　文部省留学生として渡欧
大正14年　帝国美術院会員となる
昭和20年　東京美術学校名誉教授
昭和32年　82才没

門下に東山魁夷、森田沙伊、
望月春江、加藤栄三など俊足多数

伊豆長八
昭和十三年三月十日出版
著者　結城素明
発行所　芸艸堂出版部
東京市本郷區湯島一丁目一番地
●
昭和五十五年四月三十日復刻
復刻者　伊豆長八作品保存会
静岡県賀茂郡松崎町松崎二一一
電話（〇五五八四）二—〇七四五
印刷者　株式会社　文寿堂印刷所
静岡県賀茂郡松崎町松崎四二二
電話（〇五五八四）二—〇〇一八（代）

結城素明著『伊豆長八』の表紙と奥付（著者撮影）

まり左官が使う鏝で描いた絵のことをいう。今どき鏝など使うのをみることは少ないが、鏝は土壁やセメントを塗るときに使う道具である。

また、鏝絵は壁画の代名詞でもある。有名な壁画としては、奈良・法隆寺の今から千二百年以上前の奈良時代の制作である金堂障壁画がある。これは土壁に描いているが、以降は紙に描いたものを壁に貼り付ける方法が多く、壁が乾かないうちに色を付けたり、壁が乾く時に灰汁の処理など技術的に困難な点が多く、制作されなくなったが、長八によって鏝絵は大きく復興し、新たな絵画作品として価値が生まれたのである。長八の前に長八のような作品はなく、長八以後も長八と並ぶ作品を残した鏝絵師はいない。

長八は江戸時代の伝統的な狩野派の画家の下で絵画技法を学んでいる。ここが他の左官だけの技術者と大きく異なる。いわば、鏝絵とは絵画技法と左官技法との両方の技法の修得によってなされたことから生れたものである（『伊豆の長八・駿府の鶴堂』財団法人静岡県文化財団　２０１２）。

しかし、伊豆長八の名前が世間に知られるようになったのは、結城素明が『伊豆長八』を出版してからである。おそらくこの本がなければ長八の名前が知られるようになるには、もっと時間がかかっただろうし、伊豆西海岸の代表的な観光スポットである「伊豆の長八美術館」も生まれていなかったかもしれないと『伊豆の長八・駿府の鶴堂』が強調する。

このように、素明が63歳の時に出版した『伊豆長八』は、専門書としても高い評価を受けている。その素明著『伊豆長八』序文をみてみよう。

《石灰絵なるものに、太《はなは》だ興味を覚えたることとあり。偶々《たまたま》、昭和九年伊豆地方に遊び、三島神社に参拝し、其の宝物殿に於て、図らずも長八作の漆喰塗額、即ち所謂石灰絵なるものを見たり。爰《ここ》に於て、更に余は之を機縁として、長八伝の編纂に心を傾くるに至れり。同年、再び伊豆に遊び、諸所に其の遺作並に文献を捜求し、更に長八を識る古老を訪ねて、今や殆ど伝説上の人物と化し去らんとしつゝある長八に対し、漸くにして其の伝記上に、一道の光明を認め得たり。爾来、機会ある毎に之が調査を進め、東京方面は勿論、千葉其の他の諸地方をも探訪し、又諸書を渉猟して、遂に此の一編をなせり。従来世に行はるゝ長八伝に於ては、殆ど伊豆人物志の如きを根拠として、更に之に諸説を加へたるもの多し。余は之に対し、力めて其の真意を明らかにせんと欲したり》

このように今までの長八伝とは異なる内容で出版したと述べている。

素明の著作は昭和55年（１９８０）に、伊豆長八作品保存会から再版されている。

読売新聞平成22年（２０１０）10月24日（日）に、《長八の牛涯、エピソードなどについては、伊豆長八作品保存会から出版されている「伊豆長八」（結城素明著）が詳しい》と紹介されているように、長八についての素明の功績は大きい。

その読売新聞の記事タイトルは「入江長八　鏝が絵筆　壁に浮き出る左官の技」で一部引用しておこう。

《鏝絵名人・入江長八、魚問屋の注文で魚づくしの塗り額をこしらえた。「われながら良い出来」と眺めていたら、むき身売りの若者が言った。

「親方は田舎職人だな。江戸前の鯛は知らないと見える」

何を、と怒る長八に「論より証拠、本物を見せてやる」。ひとっ走り河岸へ行った若者が鯛三匹を並べて講釈した。

「これが江戸前、品がいいだろう。網にかかった後カゴで囲われた活鯛は、心配ごとがあるのか面にシワがある。伊豆生まれの鯛は、海岸の岩の貝を突き壊して食べるので、ほら鼻が曲がっている」

聞いた長八、「四十を過ぎて鯛の見分けを知った」と感服。ただちに額を塗り直したとか》

戦前、国語の教科書に載っていたという話である。

鏝絵とは何か。『消えゆく左官職人の技　鏝絵』（藤田洋三　小学館　１９９６）によれば、「壁に鏝でしっくいを塗り上げ、レリーフを描くように浮き彫りの模様を描く左官の技術」。題材は、宝船や七福神など。

長八の経歴を表に示す。

そこで「伊豆の長八美術館」を訪ねてみた。東京を出発し熱海でJR伊東線（伊豆急行線に直接乗り入れ）に乗り換え、終点の伊豆急下田で下車。ここから東海自動車バスで松崎まで50分、バス停から歩いて10分と結構遠くて時間を要したが、なかなかユニークな建造物である。エントランスの左右の壁は土佐漆喰を用いた「なまこ壁」である。

同館パンフレットによると設計は石山修武氏で、建築界の芥川賞といわれる「吉田五十八賞」を受賞（１９８５年）しているとある。

また、高村光雲の言葉も掲載されている。

《伊豆の長八は江戸の左官として前後に比類ない名人であった。浅草の展覧会で長八の魚づくし

入江長八の生涯

1815 年	現在の静岡県松崎町で誕生
1826 年	左官・関仁助に弟子入り
1833 年	江戸に出る。狩野派の絵を学びながら左官の仕事に従事
1840 年	新内語りで旅芸人一座に一時加わる
1845 年	郷里の浄感寺改修工事に参加
1876 年	松崎に滞在し、多数の作品を制作
1877 年	第１回内国勧業博覧会に出品
1889 年	東京・深川で没する

エントランスの左右壁には土佐漆喰を用いた「なまこ壁」（筆者撮影）

全生庵墓地入り口にある石造地蔵菩薩像（筆者撮影）

の図のついたての出品があったことを覚えている。殊に図取りといい、こて先の働きなどは巧みなもので、私はここでいかにも長八が名人であったことを知った。……高村光雲》

「伊豆の長八美術館」で、端無くも鉄舟と長八の関係を知ることになった。二人は交流があったことを『伊豆の長八・駿府の鶴堂』が語る。

《鉄舟が龍澤寺の星定和尚に参禅したのは明治五年（一八七二）頃からで長八が参禅したのは明治十一年（一八七八）頃からである。このような中で長八は龍澤寺において鉄舟を相知るようになったのであろう》

《東京上野・谷中にある鉄舟が建てた全生庵には長八作の石造地蔵菩薩像がある。これは鉄舟が病床にあったとき、病気が治るようにと祈願して長八が制作したものである。背面に「一心頂禮七二

伊奈下神社扁額（筆者撮影）

天祐居士」と刻まれていると作品台帳（伊豆長八作品保存会）にある。長八が七十二歳ということは明治十九年（一八八六）である》

《鉄舟と長八との関わりを示す作品としては松崎・伊奈下神社の扁額もある。「伊奈下」の書が鉄舟のもので長八は大理石まがいの着色をして鏝絵で仕上げている》

素明も『伊豆長八』でも鉄舟と長八に触れている。

《（星定和尚の）法を嗣ぐ者数人、其の俗中に在りては、即ち山岡鉄舟居士深く徳風を嚮慕《きょうぼ》し、親しく鉗鎚《けんつい》を蒙むる、暇あれば即ち東京より来り、叩参する者一昼夜、夜半必ず到る、麦飯を喫し冷茶を飲みて友とす、巧者入江長八有り、亦師の徳化を慕い、寄留殆ど三寒暑、嘗て師の壽像を造り、龍澤に安置す》

ところで素明は、本職の絵画をどのくらい制作したのだろうか。相当数であることは間違いない。しかし、素明の絵画現物を観ようと美術館リストを探り、問い合わせしてみたが、どこでも常設展示をしていない。

例えば、東京国立近代美術館は『囀《さえずり》』『花』『浅春』『秋風』を所有しているが、常設展示されていないので、訪館しても空振りとなる。山種美術館は『春山晴靄《しゅんざんせいあい》』『夏渓欲雨《かけいよくう》』『秋嶺帰雲《しゅうれいきうん》』

『冬海雪霽《とうかいせっせい》』を所有しているが、素明の企画展が開催されないと鑑賞できない。

また、福島県白河市の藤田記念博物館には、素明の作品が100点近くあるというので、問い合わせをしてみると「東日本大震災の影響で修復中のため閉館」しているという。再度、先日も電話したが、まだ閉館しているとのこと。改めて2021年11月に電話をすると、現時点では企画展のみで、全館開館はしていないが、2021年の4月と10月に企画展を開催したという。この催しは知らなかったので、次回は何時かとお聞きすると、2022年4月以降に企画展を予定しているとのことであった。ということでいまだに作品にお目にかかれない。

素明の個展も5回のみだ。美術関係に深くないので、この5回という個展の回数が多いか少ないかは判断できないが、長く官展で活躍し、東京美術学校で数多くの画家を育て上げ、その中には日本を代表する画家の東山魁夷もいるわけで、やはり少ないと感じる。

素明と東京美術学校で同僚だった鏑木清方は、東京・竹橋の東京国立近代美術館で、同館所蔵の13点の清方作品を特集して展示する「鏑木清方　幻の《築地明石町》特別公開」を開催した（2019年〔令和元〕11月1日～12月15日）。さらに、清方の描いた『三遊亭円朝像』は平成28年（2016）12月に同館ハイライトコーナーで展示されていたし、平成30年（2018）10月6日～11月25日にも展示されていたので、それなりの回数となる。

これに対し素明の作品が展示される機会は少なく、画家としては不当とも言える扱いである。だが、聖徳記念絵画館の壁画『江戸開城談判』は中学教科書にも引用掲載され、江戸無血開城は西郷と海舟の二人で行ったという印象を世に与えた。川井知子氏も「明治神宮聖徳記念絵画館研究」（学習院大学哲学会『哲学会誌』第21号　平成９年11月）で、以下のように述べる。

《絵画館の壁画は、教科書をはじめとした、日常的に、不特定多数の人々に触れるメディアによって、「作られた歴史」から、「疑うべくもない正史」となってきたのであり、今後も「史料」として用いられる限り、「正史」として振る舞い続けるであろう》

素明は、聖徳記念絵画館の壁画『江戸開城談判』を描くことで、幕末時の歴史「史料」解釈を作り、「疑うべくもない正史」へという格上げをやってのけ、一方『伊豆の長八』では、長八を蘇らせ、伊豆の長八美術館を誕生させたのであるから、素明の功績は大きいのではないか。

では、何故に素明は絵画界で不当な扱いを受けているのであろうか。

このところを検討したいが、その前に２０１９年8月、日経新聞記事（２０１９年8月3日）で紹介された横浜美術館の「原三溪の美術」展を訪れてみた。展覧会の日経新聞記事からかいつまんで紹介する。

原三溪（１８６８～１９３９）は、明治後期から昭和初期まで生糸の輸出や生産を推進した横浜の実業家である。同時に、近代日本有数の美術コレクターであり、日本画壇や彫刻界を担う人材を支援した芸術のパトロンとして知られている。

この美術展は、主に三溪の没後、各地の美術館や個人コレクターに渡った旧蔵品を一堂に集めた待望の三渓コレクション展である。数期にわたる展示替えを含め出展は約150に及んでいる。

展示の最後は、三溪が支援した近代の日本画家の作品が並ぶ。横山大観『柳蔭《りゅういん》』、下村観山『大原御幸』、今村紫紅《しこう》『近江八景』、小林古径『極楽井』、速水御舟『京の舞妓《まいこ》』と、日本美術院系の作家の傑作がそろう。

これら同時代の画家の作品を三溪はすべて高い値で買い上げていた。紫紅以下、安田靫彦《ゆきひこ》、古径、御舟は、三溪より12〜26歳も年若い。しかも三溪は、観山、紫紅、靫彦、古径、前田青邨《せいそん》、御舟らには月々の生活費まで援助していた。

重要なのは、横浜・本牧にある広大な庭園を備えた自宅に、こうした中堅・新進画家や美術史家らを招き、収集品を見せながら、美術談議をしたことだという。青邨は「われわれ当時の青年画家はよく原さんのお宅へ寄り集って夜を徹して芸術論を戦はしたものだった」と回想記に記す。議論は早朝まで及ぶことも多く、三溪とも忌憚《きたん》なく意見を述べ合ったという。三溪の本牧の自邸、三溪園には、彼らの師、岡倉天心も来訪し、インドの大詩人、ラビンドラナート・タゴールも滞在した。哲学者和辻哲郎は、名著「古寺巡礼」の冒頭を、友人のZ君（三溪の長男・善一郎）の家、つまりは三溪園での鑑賞場面から始めている。その和辻は、文人画好きの夏目漱石を15年の秋、三溪園に連れていったという。

明治39年（１９０６）に三溪園を開園したとき、三溪は「遊覧御随意　三溪園」という直筆の門札を掲げ、市民に無料で開放した。三溪は収蔵品の図版に体系立った自筆の解説文を付した「三溪帖」の出版を計画したが、大正12年（１９２３）の関東大震災で版下が焼失、広く人々に伝えようとする試みは水泡に帰した。その後は画家への生活費の援助をやめ、横浜市の復興のために奔走する。

美術史家の矢代幸雄は研究的姿勢を崩さず若い才能に支援を惜しまない彼を「三溪先生」と敬愛し、そこに芸術のパトロンの理想を見た。財界人三溪の足跡を顧みるとき、私利にとどまることをよしとしない明治・大正期の精神風土が、失われた楽園のようによみがえってくる。

このように高い評価を受ける原三溪は東京湾に面した「三之谷」と呼ばれる谷あい地に５・３万坪の「日本庭園・三溪園」（横浜市本牧三之谷）を造営した。

せっかく、横浜美術館に行ったのであるから、みなとみらいから足を伸ばして三溪園に入ってびっくりした。園内にある臨春閣や旧燈明寺三重塔など10棟が、重要文化財に指定されていることだ。横浜市の指定文化財があったとしても不思議ではないが、国指定の重要文化財が公園内に数多くある。これはすごいと、原三溪は単なる絵画コレクターではないことを再確認すると同時に、横浜美術館の「原三溪の美術」展に取り上げられた作家たちは幸運だと思った。原三溪のおかげで現代の我々に作品の魅力が紹介されるわけである。

確かに原三溪と岡倉天心の深い関係があって、天心が創設した「日本美術院」関係の画家が脚光を浴びていることはわかる。
ところが、結城素明はいまだスポットライトが当たらない。前出の小池賢博《まさひろ》氏もこう述べている。
《同僚だった平福百穂や鏑木清方に比べ、評価される機会が少なく、不当と言いたいほど顧り見られない存在であった》
一方でこう評価する。
《素明の古今東西にわたる絵画の研究は深い。その成果を果敢に自作に摂り入れ、次々と日本画の新地を開拓した、その作品は現在なお新鮮なかおりをもっている》
素明と鏑木清方は金鈴社の仲間で、吉川霊華、平福百穂、松岡映丘もメンバーだったが、鏑木清方は特に著名な画家として知られている。

臨春閣

鏑木清方は東京神田に生まれ、挿絵画家として画業をスタートさせ、美人画で上村松園、伊東深水と並び称せられる近代日本の美人画家である。清方の代表作としては、『築地明石町』、『新富町』、『浜町河岸』と重要文化財『三遊亭円朝像』がある。

『三遊亭円朝像』は、鏑木清方が昭和５年（１９３０）、第11回帝展に『三遊亭円朝』と題し出品したもので、平成15年（１９４０）に重要文化財に指定されている。

美人画で著名な清方が、円朝像という壮年男性肖像画を描いた背景には、清方の父親、条野採菊と円朝の縁があった。条野採菊が明治19年（１８８６）に『やまと新聞』を創刊、その創刊号から円朝が自作『松操美人生理』を連載し、その後も同新聞に多くの作を発表することができたことから昵懇の関係となったのである。

明治28年（１８９５）、円朝は18歳の健一（条野の息子・清方）を連れて野州方面の旅に出ている。健一は軽い脚気を患っていたが、旅に出れば癒るという円朝のすすめに従ったのである。この旅行は健一の初めての旅でもあり、また一世の名人と称される人の随行でもあったので印象深く胸に刻まれた。この時、円朝は57歳。旅先で身近に円朝と接した体験から、清方は後年、円朝50歳代をイメージし高座姿で描いたが、『三遊亭円朝像』の解説が東京国立近代美術館の展示コーナーで、次のようになされている。

《鏑木清方による肖像画の第一作。モデルは明治時代の大噺家、三遊亭円朝（１８３９～１９００）です。芸の大きな名人は実際よりも大きく感じられるといいますが、この作品の円朝が大きいと指摘されるのもやはり、清方の記憶のなかにある高座姿を描いているからなのでしょう。一方、調度や着物は、実物にあたって細かく再現的に描かれます。記憶に刻まれたよく知る人物の姿を、現実感のある道具立てとともに描く。清方はこの手法によって「文字に依らない伝記」としの肖像画に新しい領域を開きました》

このとおりであり、近代肖像画の「代表作」として高く評価されている。しかし、素明はそうではない。

『白河を駆け抜けた作家たち』の図録の中で、「結城素明と白河」を執筆した藤田龍文氏は、すでに紹介したように「余りにも博学多才であったため、画風の表現の幅が広く、素明の画風はどういったものか、代表的作品は何か、と戸惑ってしまう」と述べている。

さらに、素明の弟子としての位置付けである東山魁夷は、昭和2年に『山銜夕暉』、4年に『嶺頭白雲』、9年の『炭窯』、10年に聖徳記念絵画館の壁画『江戸開城談判』と「力作」を次々に出品されていると述べるが、「代表作」とは表現しない。

美術評論家の小池賢博《まさひろ》氏も山種美術館の特別展で解説を展開しているが、言葉を微妙に選んで大正8年（1919）第2回帝展出品の『薄光』は素明の日本画が最も油絵に近づいた作例であって、素明の代表作の一つであるといい、昭和5年（1930）頃の『春秋花鳥』は、西洋画の写実を色濃くにじませる花鳥画であり、油絵に近づいた花鳥画として素明のもう一つの方向を代表する作品であると述べるが、明確に「代表作」であるとまではいわない。

ここでふと思ったのはスポンサーの違いが影響しているのではないか、ということである。原三渓のような横浜で成功した大実業家と比較し、素明のパトロンは福島県白河市の藤田弥五兵衛《やごべえ》である。

白河市の藤田家は江戸期より味噌醤油製造業を営み、後に清酒製造業も営んだ商家である。素明と関係が深かったのは5代目の藤田弥五兵衛（直平）であった。素明は藤田家の敷地内の離れに、戦争中に一家で疎開していた。現在も離れは遺されていて、東山魁夷筆による「結城素明先生疎開の地」の石碑があるという。

藤田家と素明が出会う契機は、素明の前妻照子の母が棚倉町出身で、明治初期頃に住み込みで藤田家に就労していたことから、素明と照子が結婚した明治37年（１９０４）前後から始まったと考えられる。

大正12年（１９２３）から素明は文部省留学生として渡欧し、帰国後に京橋高島屋にて結城素明滞仏記念油絵展が開催され、その作品を藤田家に贈っている。

戦後、藤田家は清酒製造を再開するが、清酒のラベルデザインを素明に依頼している。昭和22年（１９４７）後半頃から、素明は文京区西片町の自宅に頻繁に戻るようになった。終戦に伴い再び日展などへの出展準備と制作のためであろう。また、聖徳記念絵画館の壁画『江戸開城談判』の修復の任務もあったとのこと。昭和23年（１９４８）に藤田家の離れを引き払い自宅に戻った。

藤田龍文氏が『白河を駆け抜けた作家たち』図録で《「先ず自己の頭脳を作れ」素明の言葉である。

自己の確立、新しさの追求、幅広い教養が必要かつ重要だと説いている。素明の人生そのものを表現した言葉に思える》と述べているが、この「先ず自己の頭脳を作れ」が「代表作」をつくらないキーポイントであると推察したい。

自らの脳細胞を活性化させ作り上げるには何が必要であろうか。多分、脳に多くの材料をインプットさせないといけないだろう。奥深い知識、体験を脳に刻み込み、それを描く場面で組み合わせ、カンバスに表出させていく。その繰り返しではないか。

素明の経歴からは画家としての行動と、文筆研究家としての研鑽が重なっている。このミックスから何かをアウトプットしようとしたのではないか。

ということは、常に明日に向かって動き回り、その結果を絵と筆で表現したのであるから、過去と同じ傾向作品をブラッシュアップするのではなく、新たに脳細胞にインプットした材料をもとに作り上げる。これが素明の制作方法ではなかったか。

このように理解すれば、代表作は自ずとできない。常に、今作成した作品が、その時の代表作なのである。つまり、すべてが素明にとっての代表作なのであると思いたい。他人の思惑は関係ないのである。我が道を、我が信じる生き方で進んだ結果が今日の評価なのであって、他者からの評価は素明にとって無関係であったのではないか。

だが、この説明では二世五姓田芳柳の画題考証図で描かれた海舟の刀位置を、素明が左側に変更した理由にはならない。何かもっと別なポイントがあったのではないか。それへのアプローチとして指摘できるのは、当時、明治末期から大正、昭和初期の人々が「江戸開城」をどのように理解していたかではないかと思う。

つまり、慶応４年３月14日に海舟は西郷と「談判」して、「江戸無血開城」を認めさせたという理解、ということは「談判」によって認めさせたのであるから、強く激しい海舟の意向を描かねばならない。そこで海舟の大刀位置を左にすべきだと認識していたのではないか。結城素明という人物を検討してきた結果、このように感じる。

ここで最近の江戸無血開城の研究成果をお伝えしたい。

●江戸無血開城の史料学

東洋大学人間科学総合研究所が主催する「江戸無血開城の史料学」の講演とシンポジウムが、２０１９年（令和元）11月８日に東洋大学白山キャンパスで開催され、徳川政史研究所の藤田英昭氏が「尾張藩史料からみた江戸無血開城」と題して基調講演をおこなった。

藤田氏はまず、江戸無血開城に至る経緯を次のように整理された。

慶応4年（1868）3月9日　駿府会談（山岡・西郷会談）
↓3月6日の大総督府軍議で決まった徳川家の降伏条件が徳川方に提示
同　3月13日　高輪薩摩藩邸会談（第一次　勝・西郷会談）
↓山岡に示された降伏条件につき海舟が西郷に質問
同　3月14日　田町薩摩藩邸会談（第二次　勝・西郷会談）
↓海舟は徳川方の嘆願書（降伏条件案）を提出、西郷は江戸城総攻撃を延期し上京
同　3月20日　降伏条件を決定する三職（総裁・議定・参与）会議
同　4月4日　勅使橋本実梁《さねやな》・柳原前光《さきみつ》の江戸城入城、勅旨を伝達
同　4月11日　江戸城明け渡し（無血開城）
↓勝・山岡＝「無血開城」の環境整備に貢献／「無血開城」を実現させたわけではない

この藤田氏の発表内容、一連の史料に基づく流れを妥当にまとめており、3月14日は海舟から徳川方の嘆願書（降伏条件案）を提出したとある。

念のために海舟が書き残した『慶応四戊辰日記』の慶應4年3月14日をみると確かに「嘆願書を渡す」と明らかである。

《同所に出張、西郷に面会す。諸有司之《の》嘆願書を渡す》

「同所に出張」とあるのは、前日の13日『慶応四戊辰日記』に《高輪薩州之藩邸に出張、西郷吉之助に面談す》を受けて書いたものである。

また、「嘆願書を渡す」の前言「諸有司之」とは、3月14日、海舟は早朝に登城し、大久保一翁以下の幕府当局者と会って西郷との交渉の下相談をしたことを意味している。

続いて嘆願書7ケ条を書き述べ、西郷の回答を次のように記している。

《西郷申て云《いわ》く、「我壱人今日是等を決する不ㇾ能。乞ふ、明日出立、督府に言上すべし。亦、明日侵撃之令あれども」といって、左右之隊長に令し、従容として分かれ去る》

このように海舟自らが「嘆願書」と記し、それを受けた西郷が「とりあえず自分の一存で中止」との判断を示したわけであるから、3月14日の会談は「談判」ではなく、あえて述べれば「条件交渉」ではないか。

このように思量すれば、聖徳記念絵画の館壁画『江戸開城談判』タイトルの『談判』文言は史実から決めたものでないと考えられる。

すでに検討してきたように、聖徳記念絵画館壁画は二世五姓田芳柳によって下絵と画題考証図が描かれ、それを受けて結城素明が壁画『江戸開城談判』を描いたのであるが、その下絵は3枚存在した。

下絵①：「江戸開城（玄関前）」と、絵の上段枠外に書かれた水彩画下絵（本書42頁）。

下絵②：「江戸開城」と、絵の上段枠外に書かれた水彩画下絵。この絵には下段右側から「若年寄大久保一翁」「柳原」「橋本」「田安中納言」「西郷其他」と記されている（本書42頁）。

下絵③：画題無記名の水彩画下絵。この絵には枠外に文字が一つもない（本書43頁）。

江戸開城は4月11日であるから、江戸無血開城をテーマに壁画を描くなら下絵①と下絵②が妥当である。しかし、聖徳記念絵画館壁画は下絵③に基づき、薩摩屋敷建物をカットし、部屋内で対峙する海舟と西郷を抜き取って、題名を『江戸開城談判』として二世五姓田芳柳が画題考証図を描き、これが結城素明によって壁画『江戸開城談判』となっている。

明治神宮奉賛会理事で、事務局として聖徳記念絵画館壁画作成に関する実務を取り仕切った水上浩躬は「壁畫題選定の経過及其成果（2）」（『歴史地理』（日本歴史地理學會　大正11年2月1日）で「江戸開城」が選ばれなかった理由を次のように述べる。くどいが大切なところであるので、再度、確認するため書き示す。

《正面より描写するときは余り表面的に流れ、側面より描写する方却て其真相を現はすに妙なるものあり、斯る畫題は御身辺の遠近に拘はらず側面描写に據《よ》れり、大政奉還に関し奏聞嘉納の場を捨てて二條大広間の場を取り、江戸開城に関し江戸明渡の場を排して、薩摩邸談判の場をえら擇みしが如きは、其例の顕著なるものなり》

難しい書き方で、理解が難しいが、同様なことが平成12年発行の『明治神宮叢書　第二十巻　図録編』の「三、壁画画題考証図」（１００頁）に「画題選定の方針」として記述されている。したがって、西郷と勝の薩摩邸での談判会見場面の方が「真相を現している」から採用したのだと判断するが、しかし、この水上文言表現は「江戸開城」から『江戸開城談判』へと主題を変えたことを述べているのであって、「江戸開城」の「真相を現している」とはとても思えない。

江戸無血開城を壁画として描くならば、史料から考え、下絵①「江戸開城（玄関前）」と、下絵②「江戸開城」が妥当なことは当然であるが、水上は江戸無血開城の実状を把握せず、そこに至る一連の流れ史実のひとつである「西郷と勝の薩摩邸での会見場面」を採択したのである。この判断は江戸無血開城そのものを壁画から抹殺したことにつながる。

明治天皇の前半生で最も影響が大きく重要な事件は「明治維新」であることは論を待たないであろう。

そこで「明治維新」に関連する壁画を挙げてみると、5『大政奉還』、6『王政復古』、7『伏見鳥羽戦』、8『御元服』、9『二條城太政官代行幸』、10『大総督熾仁親王京都進発』、11『各国公使召見』、12『五箇条御誓文』、13『江戸開城談判』（数字は壁画番号）であってもちろん「江戸開城」はない。

徳川慶喜が鳥羽・伏見の戦いで負け、江戸に帰還したことで、戊辰戦争の勝敗はほぼ決着し、江戸城を明け渡したことで成立したのが明治維新である。したがって、江戸無血開城は最も重要な要件として挙げられてよいはずである。

ところが、「江戸開城」が壁画に選定されず、俗人的要素に基づく「西郷と勝の薩摩邸での会見場面」が水上によって選択決定された。

二世五姓田芳柳は下絵を描くにあたって、水上とともに、各種の史料・資料を確認し、各地を視察するなどの取材を行っている。

特に東京市内へは何度となく視察を繰り返し、また、画題に関係するさまざまな名家へは、数十回の訪問を重ねたというから、「江戸開城」の画題としての重要性は十分に認識していたであろう。だからこそ下絵①の「江戸開城（玄関前）」（本書42頁）と、下絵②の「江戸開城」（本書42頁）が描かれたと推測するが、これらは選定されず、水上によって下絵③の「画題無記名」（本書43頁）が画題考証図となり壁画になっている。

いったい何が水上の判断に影響を与えたのだろうか。それは結城素明に壁画『江戸開城談判』を描かせるという、画家の選定決定が背景にあるのではないかと推論する

結城素明に関しては月刊誌『ベルダ』において筆者が連載していたが、読者から以下のご連絡をいただいた。

《結城素明という画家が、絵画を描く上での心得を「先ず自己の頭脳を作れ」と何とか述べているが、これは私にはどうもつまらなく思われる。そこに感じられるのは「常識の臭い」であって、こ

れが素明をして芸術から遠ざけているのではないか》

このご指摘、非常に鋭いと感じる。また、これが素明の弟子である東山魁夷からの指摘につながるのではないかと思った。東山魁夷は、昭和60年（１９８５）に山種美術館で開催された特別展の図録『結城素明――その人と芸術』の中に、「結城素明先生を偲んで」の一文を寄せている。《大正15年（１９２６）の春、私は東京美術学校日本画科に入学した。先生は私が美校に入学する前の、大正期初期から終りにかけて、最も華々しい活躍を続けた。

昭和になってからの先生は、２年に「『山銜夕暉』、４年に『嶺頭白雲』、９年の『炭窯』、10年に聖徳記念絵画館の壁画『江戸開城談判』と、力作を次々に出品された。

先生からは「平凡なものを緻密に見れば、非凡な発見がある」「心を鏡にして自然を見ておいで」と言われ、現在に至るまで私の心に深く刻まれている》

前述したが重要なことは東山魁夷が素明の絵を「傑作」とは言わず「力作」と称していることである。魁夷からみると、やはり素明の作品は「力作」という判断で、傑作とは評価されない作家であったのだと思う。

二世五姓田芳柳は、下絵と画題考証図において、一貫して海舟の刀位置を右脇に描いていたのである。刀の取り扱いと作法・常識からみて当然の描き方である。

やはり素明は「芸術家としての画家」というよりも、ある意味「常識家としての画家」であって、これが素明に画題考証図と刀位置を違えて壁画を描かせたのではないかと推察する。素明の脳細胞には、壁画奉納を担う献金者の意向を忖度《そんたく》するという「常識」感覚が根付いていたのではないか。

つまり、史実は慶應4年3月14日の「西郷・勝」会見は、海舟自ら日記に《14日　同所に出張、西郷に面会す。諸有司之嘆願書を渡す》と、明らかに「嘆願」と述べているのに、画題が「談判」と変えられていることを疑わない。

さらに、武士の常識に反して、海舟の刀位置を右側でなく、左側に置いて描くという素明の「常識」が、聖徳記念絵画館壁画を完成させたのであるが、これについては別の視点からも後述する。

●壁画を描く画家の選定

話を壁画に戻す。壁画を描いたのは官展系を中心としたメンバーで、奉納者の推薦による画家と、大和絵系統の小堀鞆音《ともと》や、大正5年（1916）に結成された金鈴社のメンバーである素明、松岡英丘、鏑木清方とその関係者が多かった。

ここで気づいたことがある。鏑木清方は壁画『初雁の御歌』を描いているのであるが、清方は二世五姓田芳柳の「下絵」と画題考証図を完全に無視している。

清方は皇后を単独の美人画とし、まったく下絵と「画題考証図」と異なって描いた。皇后のお姿は明治5年に内田九一が撮影した写真に基づくと考えられ、面長で気品ある皇后のご容貌が巧みに表現されている。伝統を重んじながらも、非常に近代的な色彩であり、壁画80点中、最も華やかな作品といえる（『明治聖徳記念学会紀要復刊第11号』林洋子氏論文　平成6年4月15日）。

宮内公文書館史料には以下のように書かれている。

昭憲皇太后（宮内庁宮内公文書館所蔵）

『初雁の御歌』下絵（茨城県近代美術館蔵）

㊵ 初雁ノ御歌（赤坂仮皇居皇后宮御座所）

『初雁の御歌』画題考証図（明治神宮所蔵）

『初雁の御歌』鏑木清方 作
（聖徳記念絵画館所蔵）

《明治2年（1869）10月に昭憲皇太后は東京へ行啓され、皇城（旧江戸城西の丸）をお住まいとされた。写真は、明治五年（一八七二）に写真師内田九一によって初めて撮影された和装の昭憲皇太后の御肖像。小袿《こうちき》に長袴《ながばかま》をお召しになり、檜《ひ》扇《おうぎ》を開いている》

この写真を清方は活用したというのである。一方、素明は海舟の刀の置き方が以外は、おおむね画題考証図に近い構図で描いている。

清方と素明の差は何か。素明も自由に描けたのではないだろうか、という疑問が浮かんだが、奉納者をみてうなずいた。

清方の壁画の奉納者は「明治神宮奉賛会」、これは奉納者というより絵画館建設主体の団体であるから、描き方に対する制約条件についてあまり追及されないと推察する。このように考えると清方は画家としての創造性を発揮できたのではないか。

だが、『江戸開城談判』の奉納者は侯爵西郷吉之助・伯爵勝精《かつくわし》である。二人は慶應４年３月14日における「西郷・勝会見」の当事者の末裔である。二人の強い希望が壁画の構図に反映したのであろうと容易に汲み取れる。

画家と奉納者の関係については、角田拓朗氏が「聖徳記念絵画館の美術史上の存在意義再考」において以下の事例を挙げている。

それは横山大観が委員を辞任、候補者リストから院展系の作家の多くを引きあげてしまったが、実際には、以下のように院展系の画家５名が壁画を担当しているという。

《大観にこそ不参加の宣言を置いたものの、再興当初からの同人である木村武山《ぶざん》（一八七六〜一九二四　第三十一題《徳川邸行幸》）、大阪画壇の重鎮である北野恒富《つねとみ》（一八八〇〜一九七四第二題《御深曾木《みふかそぎ》》)、中堅の有力者である前田青頓《あおそん》(一八八五～一九七七 第二十二題《大嘗祭》)が参加している。橋本永邦《えいほう》(一八八五～一九七七 第三題《立親王宣下》)は下図などの製作段階から下村観山《かんざん》が指導したことから、実質的には永邦一人の揮毫ながら奉納者としては観山永邦二名合作のかたちをとっている。これは奉納者側による強い意向が反映したと推察される。絵画館からの撤退を画家側が騒ごうにも、画家側も政財界の有力者や各地方の有力者や旧藩主などで構成された奉納者たち、あるいはその仲介を担った者たちの面子を潰すわけにはいかなかったのだろう》

上記した壁画の奉納者は、第三十一題『徳川邸行幸』は公爵・徳川圀順《くにゆき》で水戸徳川家第13代当主。第二題『御深曾木』は男爵・鴻池善右衛門。第二十二題『大嘗祭』は伯爵・亀井茲常《これつね》で旧津和野藩主亀井家第十四代当主。第三題『立親王宣下』は三菱合資会社である。いずれも当時の政財界の大物であり、旧藩主であり、有力な財閥企業である。

では聖徳記念絵画館の壁画を描くにあたって、何故に奉納者を必要としたのであろうか。この疑問を紐解くには、聖徳記念絵画館というより明治神宮内苑・外苑の基本構想から紐解かなければならない。

明治神宮発行の『代々木』(令和二年新年号)に、《神宮は内苑外苑の地域を定め、内苑は国費で、外苑は国民の献金で造営すべき》と書かれているように、神宮外苑の聖徳記念絵画館は国民の献金で建築され、壁画も奉納者の献金によって描かれたのであるから、『江戸開城談判』の構図に奉納者の意図が影響を与えたことはたやすく想定される。

素明の本名は貞松で、これは勝海舟が命名したと言われ、「素明」の号も海舟によるもので、海舟自筆の銘名記が残っているという。海舟とは生誕時から縁が深い。

壁画『江戸開城談判』の奉納者は侯爵西郷吉之助・伯爵勝精《かつくわし》で、西郷吉之助は西郷隆盛の嫡男である西郷寅太郎の三男・隆盛の孫にあたる。勝精は、徳川慶喜の十男として生まれ、海舟の嫡子小《こ》鹿《ろく》が早世したため勝家の養子となった。

壁画『江戸開城談判』の画家として素明が選ばれたのは、海舟が命名した経緯から考えて、勝精に推薦されたからだと容易に推測できる。

その関係で海舟の刀位置を左にしたのであろうか。しかし、これは説得力のなき考えである。何か、もっと重要なことがあるように感じる。それを検討する。

第9章　問題は吉本襄《のぼる》の『氷川清話』に存在する

●『氷川清話』は二種類ある

『氷川清話』（講談社学術文庫　江藤淳・松浦玲編　2000）の「学術文庫版刊行に当って」には次のように述べられている。

《流布本『氷川清話』について私（松浦玲）は、勝海舟があんなことを喋る筈が無いという疑いを長く持っていた。最初に『氷川清話』を編集した吉本襄《のぼる》が、海舟の談話を勝手に書き換えたのだと睨んでいた。他の編集名を冠して広く出回っている『氷川清話』も、吉本襄のを新仮名遣や常用漢字にしただけで中身は全く同じである。吉本襄の怪しい手口の産物が現代風に焼直されて読書界に提供されている》

これを読むと、現在我々が読んでいる『氷川清話』と異なる『氷川清話』があったことがわかる。

現在では前述の講談社学術文庫（江藤淳・松浦玲編　2000）と、『勝海舟全集21　氷川清話』（江藤淳・川崎宏・司馬遼太郎・松浦玲編　講談社　1973）で読み解いているが、別の吉本襄《のぼる》編『氷川清話』があったのだという。

松浦氏は『勝海舟全集21　氷川清話』の解題で以下のように述べる。

《晩年の海舟のところへ出入りしていた吉本襄は、彼自身が海舟から聞いた話に、他の多くの人々の手によって新聞や雑誌に発表された海舟談話を加えて、明治三十年（一八九七）十一月『海舟先

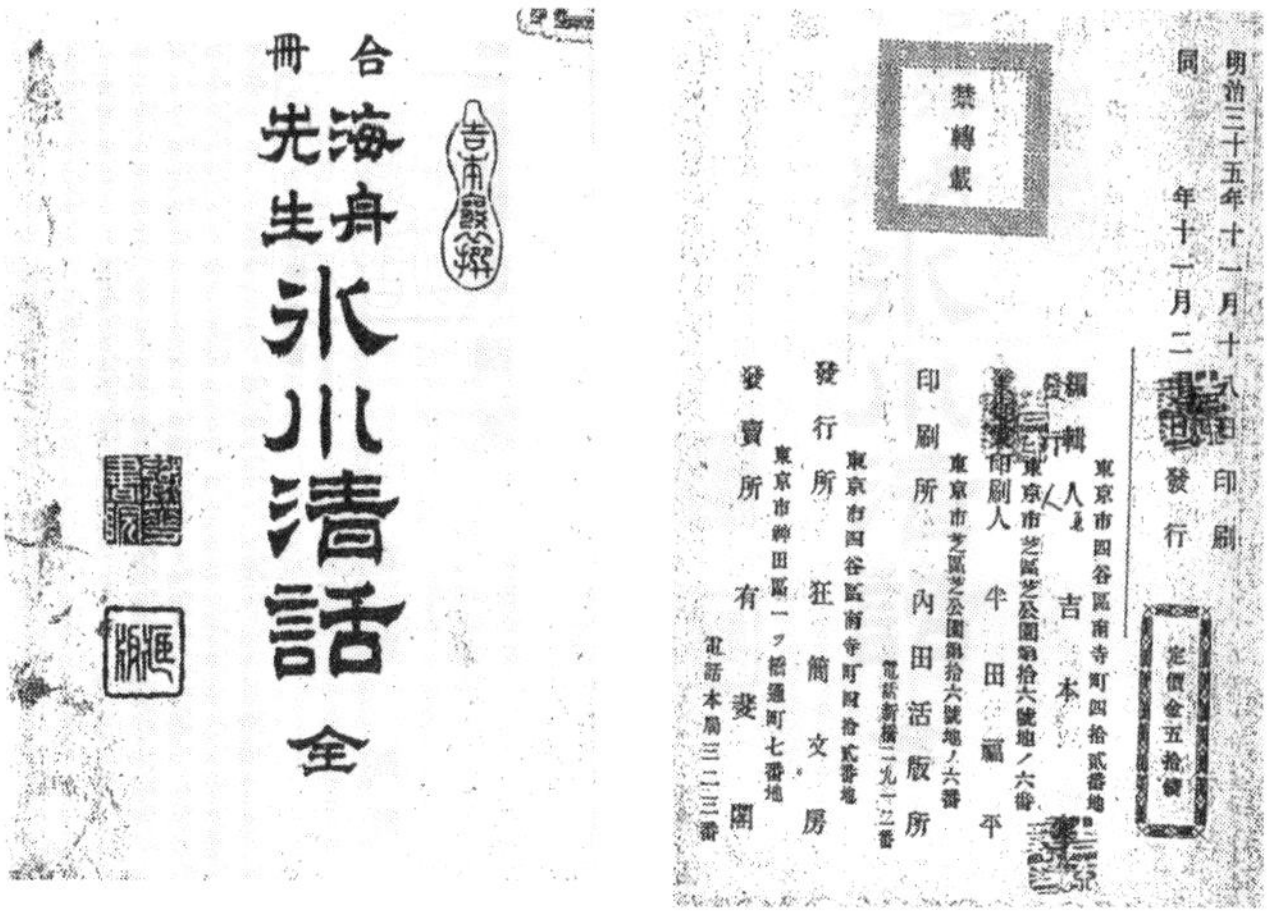

『合冊　海舟先生　氷川清話』の表紙と奥付（国立国会図書館所蔵）

生　氷川清話』を発行した。これが非常に好評であったのに気をよくした吉本は、続いて翌明治三十一年（1898）五月に『続・海舟先生　氷川清話』（分冊本「続編」）を、さらに同年11月には『続々・海舟先生　氷川清話』（分冊本「続々編」）を発行する。いずれも海舟生存中のことである。

次いで吉本は、海舟没後三年余を経た明治三十五年（1902）十一月に、既刊の3冊をまとめて1冊の『海舟先生　氷川清話』（合冊本）とした。このとき吉本は、既刊各冊を小単位の談話に分解した上で、内容別に分類しなおして一本にしている。

この措置も読者のこのみに合ったようで、吉本の合冊本『氷川清話』は、他にも数多くあった海舟談話集を圧倒して売れ続け、遂には海舟の談話といえば反射的に氷川清話となるほどの地位を確保してしまった。最近装《よそお》いを変えて発行されている『氷川清話』も、見出しや注に工夫があるだけで、談話本文は、吉本がまとめたものをそのまま使っている。

しかし、われわれのこの全集においては、吉本の確定した談話本文をそのまま利用して全集の一巻とすることは、できなかった。その理由は、大きく二つある。

第一は、吉本の『氷川清話』の信憑性の問題である。吉本が確定した談話本文は、果して海舟の話したことを忠実に伝えているのだろうか。

怪《あや》しい、とわれわれは判断した。

吉本は、他の人々がそれぞれの文体や語調で新聞や雑誌に発表した海舟談話を自分の『氷川清話』に取り込むにあたって、自分が海舟の語りくちだと信じている語調に書きあらためている。それは必ずしも悪いとばかりは言えないのだが、困るのは、その吉本式リライトに際して、談話の意味・内容までが勝手に変えられていることである。新聞や雑誌の海舟談の文面を正確に読みとらず、意味をとり違えたままで吉本流の話しことばにしている例が、非常に多い。ひどいのは、海舟のところへ来た客の発言を、海舟の言葉のようにつないでしまったものまである。また吉本は、海舟の話しかたが簡略すぎて意味をとりにくいと思ったところには、自分の知識で言葉を補って海舟に語らせるのだが、その知識がいいかげんであるため、結果として、海舟にしばしば途方《とほう》もないウソをしゃべらせてしまっている。

悪質な意図的改竄《かいざん》も少なくない。海舟の元の談話が当局者を名指しで批判している場合など、たいていは、その名指しされた人名（たとえば「伊藤」）を伏せて「いまの政治家」とか「いまの人達」というような一般的な言い方に置き変え、しかも談中の時事性のある語句を削ったり、談話の時相（tense）を動かしたりして、海舟がそれを何時《いつ》しゃべったのかわからなくしてしまう。そのため、痛烈な時局批判だった海舟の原談話が毒抜きされ、ありふれた精神訓話に堕しているのだ。批判談話でなく当局者の名前を伏せなかった場合でも、たとえば、第二次松方内閣の松方首相や樺山内相に忠告し期待している談話を、第一次大隅内閣の大隅首相や板垣内相に忠告し期待しているように書き変えた、手のこんだものもある。薩摩閥と長州閥を区別して、特に「いまの薩摩人は」と語っているところを、勝手に「いまの薩長の奴らは」としてしまっているような、不注意か意図あってかのことか判じかねる改竄になると、とても数えきれない。

この他に、言葉の無神経な置き変えで意味が微妙に変化しているところも多く、例を挙げていけばきりがないが、ともかくこれが、吉本の談話本文をとてもそのままでは使えない第一の理由である。

第二番目に、言葉がおかしいかもしれないが、網羅性の問題がある。吉本の『氷川清話』は、新聞や雑誌に発表された海舟談話を完全に収集網羅しているのだろうか。

していない、というのがわれわれの結論である。

吉本は数人の協力者と共に『国民新聞』『毎日新聞』『朝日新聞』『読売新聞』『日本宗教』『世界

之日本』『天地人』等々の紙誌から海舟談を集めたらしいのだが、それらの紙誌にあたりなおしてみると、貴重で興味深い談話の多くが、未収録のまま残っている。むろん、吉本なりの選択があり、また、分量の関係もあったのだろうが、収集洩れということも考えられ、いずれにしても、現在のわれわれとしては放置できない》

このように松浦氏が批判する合冊本が講談社版（『勝海舟全集21　氷川清話』講談社　1973及び講談社学術文庫　2000）が出版されるまで読み続けられてきたのである。

つまり講談社版が出るまでは、吉本合冊本によって『氷川清話』が理解されていたであるから、その後研究が進んだ現在の歴史解釈とは異なるのである。

その一つの事例として『世界の労働』（財団法人日本ＩＬＯ協会　1972年6月）に掲載されたエッセイを紹介したい。

《私が中学に入った頃は、第一次大戦中（1914年7月～1918年11月）であったが、その時期に氷川清話を読んだということは大変象徴的であった。幕末の混乱に対処した勝海舟という人物を初めて知り、その偉大な人格に圧倒される思いであった。その驚くべき洞察力と水も漏らさぬ政治的配慮にむしろすがすがしい感じさえ覚えたものである。当時の開国は今から考えれば、国内事情もさることながら、産業革命の嵐がたまたま日本にも及んで来たということに尽きるかも知れないが、これらが海舟の出現を可能にしたのであろう》

このエッセイが投稿されたのは昭和47年（1972）であるから、『勝海舟全集21　氷川清話』（1973）出版の前年に当たり、吉本の氷川清話を読んだのは50年以上前になるわけで、この当時から海舟の行動に強い影響を受けていたのである。

ということは、壁画『江戸開城談判』に関係してきた人たちも、吉本の合冊本『氷川清話』によって、幕末維新と江戸開城場面を理解していたということになるのではないだろうか。

そうならば、現在時点で研究が進んだ諸史実の洗い直しを知らないままに、旧態のままの歴史を受けとめていたのではないか、ということになる。

本書に登場した壁画『江戸開城談判』作成に実務的に関与したと思われる人物の生没年は、

明治神宮奉賛会理事・水上浩躬　文久1年（1861）～昭和7年（1932）
二世五姓田芳柳　元治元年（1864）～昭和18年（1943）
浅野長勲　天保13年（1842）～昭和12年（1937）
目賀田種太郎　嘉永6年（1853）～大正15年（1926）
結城素明　明治8年（1875）～昭和32年（1957）
浅野長武　明治28年（1895）～昭和44年（1969）である。

いずれも講談社版の発刊以前に死去しているから、吉本の合冊本『氷川清話』、または、装いを変えて発行された『氷川清話』を参考にしたといえるのではないか。

●吉本襄の人物像

吉本襄という人物については、なかなか的確な資料はないが「日本近代――明治大正期の陽明学運動――」（吉田公平『国際哲学研究7号』2018年3月19日　東洋大学国際哲学研究センター）に、「三、吉本襄の『陽明学』」として以下のような記載があるので紹介する。

《吉本襄の生卒年は、伝記資料の調査が不十分なために、分からない。勝海舟の『氷川清和』の編者として著名であるが、原載の文章を歪曲して編纂したとして酷評される。現行の『氷川清和』は松浦玲らが新たに編集したものが講談社から刊行されている。

国会図書館に所蔵される、吉本襄の著書及び吉本襄が鉄華書院から刊行した著書を紹介しておきたい。極めて不十分なものです。識者のご教示を切望します。

高島炭坑々夫ノ惨状ヲ述ベテ世ノ志士仁人ニ告グ。吉本襄。明治21年。

西海孤島千条の涙。吉本襄。觚哉庵。明治22年。

古本大学旁註。戴聖・王陽明。明治29年。『陽明学』五号広告。

王陽明先生新墨本。『陽明学』五号広告。

読書操觚之鍵。大野雲潭著。『陽明学』五号広告。

方谷遺稿。山田方谷著。三島中洲編纂。『陽明学』六号広告。

海舟先生氷川清和。正・続（明治29年）・続続。吉本襄撰。無辺俠禅渡邊国武題詞。明治29年30年32年（『陽明学』38号・39号・40号広告）。狂簡文房（明治35年）、河野成光館（明治42年）、大文館書店（昭和8年）でも刊行。

五十名家語録。平田勝馬著。明治31年。

伝習録講義。巻一。尾崎忠治著。明治31年。『陽明学』25号広告。

日本之陽明学。高瀬武次郎著。明治31年。再版。明治32年。

名家文話。内田鉄三郎著。明治32年。

陽明学講話。高瀬武次郎著。明治32年。

鎌倉参禅個中の消息。無休庵主人著。明治33年。

経筵進講録。元田永孚著。明治33年。

男子八景婦人六相。麻衣道人著。明治33年。

読書と静坐。吉本襄著。狂簡文莊。明治34年。

良知。中尾捨吉著。参天閣。明治40年。

吉本が陽明学運動の開拓者として理解されているのは、鉄華書院を立ち上げて主幹として機関誌『陽明学』を発刊したことによる。創刊は明治29年7月5日。明治33年5月20日発刊の79・80合併号が終刊である。

王陽明の儒学思想は王学とか姚江学と呼称されるのが通例であったが、吉本襄の『陽明学』が普及するにつれて、「陽明学」という呼称が日本はもとより、中国・朝鮮でも使用されるようになった》

吉田公平氏の論文では、吉本襄が陽明学運動の開拓者であり、王陽明の儒学思想は王学とか姚江学と呼称されるのが通例であったが、吉本の『陽明学』が普及するにつれて、「陽明学」という呼称が日本はもとより、中国・朝鮮でも使用されるようになったとある。

陽明学とは、中国の明代に、王陽明がおこした儒教の一派で、孟子の性善説の系譜に連なる。陽明学という呼び名は日本で明治以降広まったもので、それ以前は王学といっていた。吉田氏が述べるように吉本が「陽明学」という呼称を広めたものであろう。

だが吉本は『氷川清和』の編者として著名であるが、原載の文章を歪曲して編纂したとして酷評されると吉田公平氏が述べるような視点もある。

吉田氏が、国会図書館に所蔵される吉本の著書及び吉本が鉄華書院から刊行した著書を紹介している中の、『西海孤島　千條乃涙』（明治22年〔1889〕）について、『史観』（平成4年〔1992〕

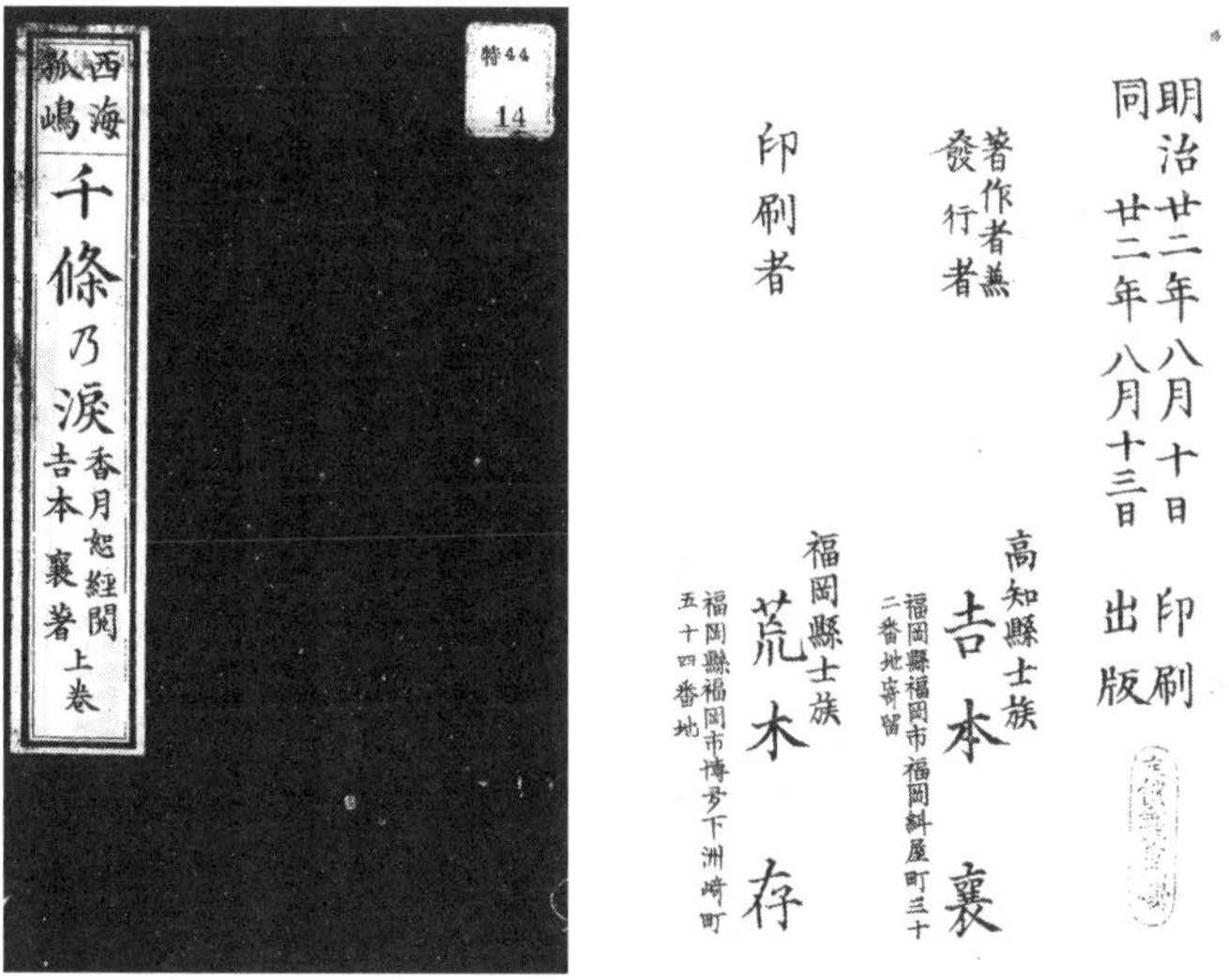

『西海孤島　千條の涙』の表紙と奥付（国立国会図書館所蔵）

3月）で佐藤能丸氏が「社会小説の先駆……吉本襄著『西海孤島　千條乃涙』」投稿されている中で、吉本の人物について次のように書いているので紹介する。

吉本は1850年代から60年代にかけて高知で生まれ、明治36年（1903）頃、米国へ移住する日本人のために雑誌を発行する計画を抱いて渡米の途に着いたが、船中で病に罹り、引き返して帰国後、療養したが、大正の初年に新井宿の寓居で死去したという。

高知で陽明学を学び、陽明学は生涯を貫く思想的バックボーンになって、行動的な「知行合一」の姿勢によって「高島炭鉱問題」に挺身し、これをテーマに『西海孤島　千条の涙』を発刊した。

吉本は、明治18年（1885）頃上京し、土佐と関係深い三菱会社に入り、ほどなく九州に派遣され、三菱経営下の高島炭鉱に赴任した。以後、およそ一年間、炭鉱労働者の日々の状態をつぶさに目撃したのが、「納屋制度」の下で日常繰り広げられている奴隷労働者的な過酷な坑夫の姿であった。

吉本は「目撃」から「調査」する姿勢に進み、劣悪な労働状態を改善させ坑夫を擁護すべく積極的な「救済活動」の実践へと、自らが中心となって同志とともに活動し始めた。

明治20年（1887）11月から北九州の主要都市で演説、『福陵新聞』に吉本談話「高島炭鉱々夫の惨状」が取り上げられた。

これが『大阪日報』、『東雲新聞』にも取り上げられて、吉本は言論界の最も新しい旗手として活躍した結果、『日本人』（第九号　1888年8月3日）、『東京電報』社説、『国民の友』（第二八号）でも記事が掲載された。

こうした活動の一助として企画されたのが小説『西海孤島　千条の涙』であった。

明治29年（1896）に自分が経営する鉄華書院から雑誌『陽明学』を発刊（1900年5月80号で廃刊）、その後に多くの出版を行っているが、その中でも、版を重ねたのが『氷川清話』である。

他方、こうした中で吉本は明治32年（1899）に、普通選挙期成同盟会に参加、帝国党の評議委員になっている。

●吉本はどのようにして史実を改竄したのか

では、吉本襄はどのように史実を改竄したのか。その内容を「学術文庫版刊行に当って」で松浦氏が解説している。

《そこで私は一九七二年（昭和四十七）から刊行が始まった講談社版『勝海舟全集』の仕事に加わったとき、『氷川清話』は徹底的に洗い直す必要があると提案し、受け入れられた。吉本襄がリライトする前の新聞や雑誌の談話を探し出して、どこがどう改竄されたか突き止めようとしたのである。この試みは一九七三年（昭和四十八）刊行の講談社版勝海舟全集21『氷川清話』として結実した。この全集版では新聞や雑誌に載った元の談話と、吉本襄のリライト文とを対照させ、海舟の真意がどのように歪曲されたかを細かく追跡した。また吉本がそういうけしからぬふるまいに及んだ動機を併せて解明した。この動機解明により、多くの魅力的な談話を吉本が収録しなかった（できなかった）理由も推定できた。講談社の勝海舟全集『氷川清話』は、吉本が忌避した海舟談話を大量に増補収録した。

元来の海舟談話は圧倒的に時局談である。時事談話である。日清戦争前の明治二十五年、六年に第二次伊藤博文内閣を痛烈に非難している談話から始まって二十七、八年の日清戦争中に敢然と戦争に反対したもの、講和会議批判や三国干渉後の新しいアジア侵略を憂えるもの、関連して清国とシナ社会の違いを論じたユニークな発言もある。また明治二十九年の全国的な大風水害に際しての対策の遅れ、特に渡良瀬川の氾濫で万人の眼に明らかとなった足尾鉱毒問題、これについて海舟は、いまのエセ文明より旧幕府の野蛮の方が良かったのではないかと言いきる。

吉本襄は、この海舟談話の時事性を隠した。海舟が明治二十五年から二十九年に掛けて喋った談話を、あたかも最晩年の明治三十年と三十一年に喋った如くに書換え、いつ誰を批判したかというような具体性を持つ言葉を消してしまった。内閣や大臣の名前を差替えたのも見つかる。時事性が強すぎて改竄が無理な談話は初めから収録しない。こうやって吉本は海舟の痛切な時局談を、御隠居さんの茶飲み話に変えてしまったのである。吉本の『氷川清話』を現代表記に改めただけで別の編者名を冠して売っている本では、吉本にすっかり騙されて、この談話は明治30年と31年頃に喋ったものだと解説してあるので御覧になるといい。

もちろん明治三十年と三十一年の談話も収録されているのだが、子細に検討すると明治三十年の談話があたかも三十一年に喋ったかのごとく書換えられていたりするのである。こういう点で吉本は実に細かく、後世の人は長く騙されたままだった。講談社版勝海舟全集『氷川清話』は、吉本がリライトする前の原談話を探し出して対照することにより、吉本が何を隠したかを明らかにした。吉本が隠したところこそが本当の海舟である》

これは大変なことを述べている。吉本の明治35年版『海舟先生　氷川清話』を読み、これを事実として読み解きした人々は、歴史と時代を誤って理解した可能性が高い。

さらに松浦氏は「解題」でも述べる。

《吉本がそういうけしからぬふるまいに及んだ動機は、たわいないことからのようである。彼は『氷川清話』を、はじめ「正編」、「続編」、「続々編」と三分冊で出すのだが、その際に、収録した談話をすべて、その分冊本発行の年にしゃべったように書きなおしたのである。たとえば「正編」は、明治26年頃から30年のはじめにかけての談話を集めて、30年の11月に発行されるのだが、吉本は、26年から29年にかけての海舟の談話をすべて、それを海舟が30年にしゃべったかのようにみせかけるのである。そのため、明治25年から29年にかけての第二次伊藤博文内閣の施政を具体的に攻撃したり、また、27、8年の日清戦争を戦争中に批判した時局談は、削除するか、時事性・具体性を取り去った抽象論に書き換えるか、あるいは大臣の名前を差し替えて年代をごまかすなどのことをしなければならない。吉本はそれを大掛りにやっており、海舟の晩年の政治的見解は、海舟の真意とは似ても似つかぬものに変形されてしまったのである》

《自分の本を読みものとして面白くするためには、海舟の真意などどうでもかまわぬと、吉本は思っていたに違いない。そうして、その吉本のやりかたが、今日の海舟研究家といわれている或る種の人々にも支持され、吉本のインチキがそのまま踏襲されている》

さらに松浦氏は《われわれの講談社版全集の『氷川清話』は、これらのインチキを、すべて指摘・是正した》と断言する。

では吉本の原文はどういうものであったのか。

吉本の明治35年版の合冊本『海舟先生　氷川清話』は、最初に「合冊序言」があり、以下のように書いている。

《勝先生は、必ずしも哲学者にあらず、而も哲学者たるの頭脳あり。必ずしも経世家にあらず、而も経世家たるの事業あり。必ずしも君子にあらず、詩人にあらず、而も君子たり詩人たるの性格と襟懐《きんかい》とあり。旧幕府の名士たりし同時に、明治の逸民たり。眼の人たりしと同時に、手の人たり。而して先生の世に在るや、必ずしも大政に参与せずして、政治家の為に其の方針を指示し、必ずしも実務に当らずして、実業家の為めに、其の正路を示し、必ずしも文芸に長ずるにあらずして、文学家の為めに説き、必ずしも宗教に通ずるにあらずして、宗教家の為めに喩し、必ずしも教育に関せざる者の如くにして、青年子弟の為めに訓戒し、国民は社会の木鐸として之を仰ぎ、知らず識らざるの間に、先生の感化を蒙りたりき。是れ実に先生が、一世の達人たる所以にして、国民が今日に至るまで、其の遺徳を追懐して止まざる所以なり》

《先生は氷の如き頭脳に、火の如き感情を有し、炬の如き眼光に、海の如き度量を有したり。而して其の意志は堅実に、其の智慮は明達に、其の精神は正大に、大事に糊塗せず、小事も滲漏せず。其の言ふ所は行ふ所にして、行ふ所は其の言ふ所なり。故に先生の言、時ありて熱罵と為り、冷嘲と為り、危言と為り、痛語と為り、政治に、経済に、軍事に、宗教に、文学に、社会に、一切の時事問題にして、先生胸底の琴線に触る、時は、一種警醒的教訓と為りて、社会の隅より隅に反響せざるは莫し。其の何故ぞや。先生の言論は、渾て是れ至誠惻怛熱血の迸る所にして、真知を局外に求め、禅機を手中に弄する者あれば也。予が玆に『氷川清話』を撰刊したるは、先生が社会的教訓を世に紹介せむが為めなり》

吉本はなかなかの文章家であると感じる。

次に、海舟による江戸無血開城ストーリーを声高々と謳いあげる。

《戊辰の役、官軍東征の途に上るや、幕臣或は邀《むか》へ戦はんと欲するものあり、江戸の人心恟々《きょうきょう》たり。然れども将軍固より戦意なきを以て、先生に命じて之に処する策を講ぜしむ。先生、命を奉じて、危難の際に処して動かず。総督宮、駿府に至らせたまふに及び、上野の輪王寺宮駿府に至り、将軍恭順の状を陳じて、寛典の所置を講ふ。総督宮、謝罪の実なきを以て、未だ之を許し給はず。先生また山岡鉄舟等を遣はして之を請ふ。既にして官軍の先鋒品川に至り、将に江戸城に入らむとす。先生是に於て、先生自ら赴きて、参謀西郷隆盛に面し、将軍の旨を縷陳《るちん》して、百方其の調停に尽力す。隆盛之を容れて、直ちに進襲中止の命を下し、状を総督の宮に啓す。之によりて官軍一刃を動かさずして、江戸城に入ることを得、王政復古の大業、平和の間に成就す。先生が絶倫の大手柄は、実にこの時を以て天下に顕はれたり》

文中の「先生」とは海舟のことだ。つまり、江戸開城はすべてを海舟の「絶倫の大手柄」であると絶賛しているのである。

特に、「先生自ら赴きて、参謀西郷隆盛に面し、将軍の旨を縷陳して、百方其の調停に尽力す。隆盛之を容れて、直ちに進襲中止の命を下し、状を総督の宮に啓す。之によりて官軍一刃を動かさずして、江戸城に入ることを得、王政復古の大業、平和の間に成就す」の記述、これが今日まで伝わっている海舟神話の本体であり、『尋常小学校修身書　例話原據と其解説』(東洋図書　1929)の「九勝安房」でも、『氷川清話』の「戊辰の役」からはじまり「絶倫の大手柄」という文言が掲載され、小学校でも教え込まれているのであるから、多くの一般の人々も信じ込んでいると推察できる。

したがって、聖徳記念絵画館の壁画作成に関与した人物たちも、この吉本が記した合冊本『海舟先生　氷川清話』の「合冊序言」によって、江戸無血開城は海舟によってすべて成された偉業だと信じるか、思い込んでいたのであろう。

前述した壁画『江戸開城談判』作成に実務的に関与した明治神宮奉賛会理事・水上浩躬は昭和7年に死去していたのであるから、当然に吉本説を採っていたと考えられる。

また、二世五姓田芳柳は昭和18年に死去、浅野長勲も昭和12年に死去、目賀田種太郎は大正15年に死去、結城素明は昭和32年、浅野長武は昭和44年死去しているので、いずれも講談社による『氷川清話』出版以前であるから、海舟が「すべてをひとりで行った」と理解していた可能性が高い。

考えてみると、海舟が「一人で成した」という説に対して異論が出始めたのは最近のことなのである。

ここで明治31年11月に出版された『続々・海舟先生　氷川清話』に対する徳富蘇峰（本名・猪一郎）の評価を同書（１１４頁）から紹介する。蘇峰35歳時投稿。

徳富蘇峰は明治から昭和戦後期にかけての日本のジャーナリスト、思想家、歴史家、評論家。『國民新聞』を主宰し、大著『近世日本国民史』を著したことで知られる。

《拝呈、今度『氷川清話続々編』御出版に付、拙者にも一言海舟翁に関して、開陳可致旨、致敬承候。海舟翁は、小生に於ては二世の師に候。其の餘りに近接したりしが為めに、今更ら白々敷、兎角評判も致し兼候。

但た海舟翁か、衆人封建的の天地に跼蹐《きょくせき》（注：世間に気がねするあまり、自由な行動ができないでいること）したる当時に於て、早くも挙国一致的の大経綸をなし、九死一生の衢《ちまた》に立て、従容自若《しょうようじじゃく》、其の難局を理め、更らに三十餘年の残生を剰《あま》しつつ、後生の為めに活ける教訓を恵まれ候事、何人も感謝する所たる可く候。善く言ふ者善く行はずと申し候得共、翁の如きは、善謀、善断、善言、善行、實に稀有の人物と存じ候。

先は右迄如此候。其の簡略に過ぎ候は、餘りに言ふ可きとのなきが為めと思召相成度候。頓首。

十月二十六日

徳富猪一郎

吉本襄殿》

なかなか難しい表現であるが、海舟を高く評価していることがわかる。

●目賀田種太郎の談話筆記と鉄舟の『西郷隆盛氏ト談判筆記』

改めて、目賀田種太郎が述べた内容を振り返ってみたい。

すでにみたように、結城素明が壁画『江戸開城談判』を描くにあたって、もうひとつの資料が存在すると『明治神宮叢書　第十八巻　資料編（2）』が次のように記している。

《両雄会見の有様に就ては目賀田男爵の談話筆記中にも之が詳述されている。此の談話筆記は、大正八年（一九一九）十月三十日奉賛会より水上氏が目賀田男爵を訪れ同男爵が勝翁より聴いたところを本として語られた際の筆記である。

薩摩邸会見ノ時ハ勝ハ単騎ニテ山岡モ益満モ同行セス、勝座敷ニ通レバ障子外ニ下駄ノ音シテ（庭ノ飛石ヲ渡リシガ如シ）上縁シ坐ニ着ケリ、勝ハ大小ヲ差シ西郷ハ脇差ノミリ坐ニハ茶ト烟草盆モ出デタリ、素ヨリ開城条件ハ已ニ予知シ居ルコトナレバ夫等ノ談判ハナク西郷ハ丁寧ニ且ツ平和ニ「ドウデス嘸《さぞ》御困リデセウ」勝ハ「困ル所デハアリマン、シテドウナサル積リデスカ」ト……》

この目賀田種太郎談話筆記では「薩摩邸会見ノ時」とあり、加えて「素ヨリ開城条件ハ已ニ予知シ居ルコトナレバ夫等ノ談判ハナク」と記されている。

つまり、目賀田種太郎が海舟から直接聞いた内容を語ったものであるが、「談判」はなく「会見」であったと述べているのである。

だがすでに記した『氷川清話』（講談社学術文庫　2000）の「西郷と江戸開城談判」では「談判」と述べている。

では、『氷川清話』と目賀田種太郎談話筆記、どちらが真実なのだろうか。目賀田種太郎談話筆記では「素ヨリ開城条件ハ已ニ予知シ居ルコト」と記している。「已ニ」とは「すでに」ということであるから、西郷と海舟は開城条件を理解していたということになる。

条件を知っていれば、事改めて条件そのものを「談判」という争い論議をする必要もないであろう。条件の緩和を願うか、代わりの代替案条件を提案することしかない。官軍から示された開城条件に対する見解を述べるだけである。

そのことを明示するのが、勝海舟の『慶応四戊辰日記』慶応4年3月14日である。

海舟は「十四日　同所に出張西郷へ面会す。諸有司嘆願書を渡す」と七ケ条を記している。官軍条件に対し各条件の緩和を「嘆願」したのである。

また、この慶応4年3月14日会見に同席した鉄舟も、直筆による『西郷隆盛氏ト談判筆記』で以下のように記している。

《薩摩邸ニ於テ西郷氏ニ、勝安房ト余ト相会シ、共ニ前日約シタル四ヵ條必ズ実効ヲ可奏ト誓約ス。

故ニ西郷氏承諾進軍ヲ止ム》

鉄舟が述べた四ヵ条とは、駿府にて西郷から示された「徳川慶喜を備前に預ける事」を除いたもので、これと海舟の『慶応四戊辰日記』七ケ条の違いについては、すでに解説した。

また、鉄舟は、西郷との駿府談判で「徳川慶喜を備前に預ける事」について、西郷と激しいやりとり、まさに「談判」であるが、その詳細を『西郷隆盛氏ト談判筆記』で述べている。

このような検討結果からは、目賀田種太郎が海舟から直接聞いた内容では「会見」であって「談判」ではない、という目賀田談話筆記の方が正しいのではと思われる。

ということは、吉本が書いた『氷川清話』における「西郷と江戸開城談判」は、架空の内容ではないかという疑いが浮かぶのである。

『氷川清話』（講談社学術文庫）で「江戸を戦火から守る」（375～376頁）について、吉本は次のように語る。それを再度掲載する。

《翌日すなはち十四日にまた品川へ行つて西郷と談判したところが、西郷がいふには、「委細承知致した。しかしながら、これは拙者の一存にも計らひ難いから、今より総督府へ出掛けて相談した上で、なにぶんの御返答を致さう。が、それまでのところ、ともかくも明日の進撃だけは、中止させておきませう」といつて、傍に居た桐野や村田に進撃中止の命令を伝へたまゝ、後はこの事について何もいはず昔話などして、従容《しょうよう》として大事の前に横はるを知らない有様には、おれもほとほと

感心した。この時の談判の詳しいことは、いつか話した通りだが……》

最後に「この時の談判の詳しいことは、いつか話した通りだが」とあるが、その内容はいずれの講談社版にも記されていない。

　海舟は談判していないのだから、当然に話す内容がないわけである。激しい口論・議論のやりとりがあれば、海舟のような達者な男は、その事実を語るであろう。そうでなければ海舟のお喋りを本にした『氷川清話』のようなものの出版はできない。

　しかし、明治35年版吉本襄著の合冊本『海舟先生　氷川清話』を確認すると、何と同書の２２７頁に、以下のように書かれているではないか。

《この時の談判の詳しいことは、何時か話した通りだが（四十六、四十七、四十八頁参照）》

　だが講談社学術文庫『氷川清話』72～74頁の「西郷と江戸開城談判」では、この（四十六、四十七、四十八頁参照）という参照文言が書かれていない。

　明治35年版吉本襄著の合冊本『海舟先生　氷川清話』で述べる（四十六、四十七、四十八頁参照）とは、講談社学術文庫版『氷川清話』72～74頁「西郷と江戸開城談判」に該当するが、そこにはどこにも「談判」という状況を具体的に現わす内容は書かれていない。

　ただ「談判」だったと繰り返すだけで、室内から窓外をみているかのような風景的描写であり、二人の人物が激しく激論するという場面は皆無である。

これに対し、鉄舟の直筆『西郷隆盛氏ト談判筆記』では、西郷と鉄舟の「やりとり」が緊迫した状態で具体性持って表現されている。

だが、吉本の文章では、どのような「談判」であったのか、それが項目的・具体的に書かれていない。刑事事件で、裁判所で検察官が冒頭に述べる「犯罪の具体行動事実」に該当するような内容・項目が書かれていないのである。ただ曖昧に「談判」したと連発しているだけである。

一方、合冊本『海舟先生　氷川清話』の「合冊序言」で記された「勝先生は、必ずしも哲学者にあらず」（1頁）から始まる文章表現は素晴らしいと評価する。

また、「合冊序言」6頁で展開する「戊辰の役、官軍東征の途に上るや」から始まって「先生が絶倫の大手腕は、実にこの時を以て天下に顕はれたり」という文章、これで海舟が一人で取り仕切ったと思い込みをさせてしまうほどの「江戸無血開城の海舟神話」を「簡にして要を得る」見本のような達文で、歴史学者や一般の人たち多くに信じ込ませたのであるからすごい。

吉本は哲学者なのであろう。吉本によって「陽明学」という呼称が日本はもとより、中国・朝鮮でも使用されるようになったと、『国際哲学研究7号』の吉田公平氏の論文が述べている。

人生・世界、事物の根源のあり方・原理を、理性によって求めようとする哲学者である吉本襄は、大所高所からの論述は巧みでも、眼前で展開する実務的・具体的な状況を整理してまとめるのが弱いのではないかと思う。

このように理解するならば、海舟の「談判」行動の展開場面描写は苦手であるはずで、海舟から事細かに「談判」内容の具体的事実を教えてもらわないと書けないのである。

合冊本『海舟先生　氷川清話』の（四十六、四十七、四十八頁）からは、何ら具体的談判事例が浮かばないし、ここから想定されるのは、海舟は「談判」内容を吉本に具体的には話さなかった、ということではないか。

松浦氏は、「学術文庫版刊行に当って」で次のように述べる。

《流布本『氷川清話』について私（松浦玲）は、勝海舟があんなことを喋る筈が無いという疑いを長く持っていた。最初に『氷川清話』を編集した吉本襄が、海舟の談話を勝手に書き換えたのだと睨んでいた》

と述べているが、海舟が『慶応四戊辰日記』慶応4年3月14日で「十四日　同所に出張西郷へ面会す。諸有司嘆願書を渡す」という「嘆願」では、吉本は「面白くない」、「読者が興味をもたない」ということで、海舟に「談判」させたというように、勝手に書き違えたのではないか。

では、海舟が「談判」したのか、否、「会見」であったのかの検討はどのように判断すればよいのだろうか。

それは、目賀田種太郎という人物と、鉄舟という「明治天皇の侍従」が書き遺した内容を信じるか、それとも松浦玲も「信憑性に問題あり」と述べる吉本を採るかという判断である。

目賀田種太郎は、海舟の三女・逸子の夫、ハーバード大学卒、大蔵省を経て、朝鮮政府財政顧問・統監府財政監査長官、貴族院議員・枢密顧問官・国際連盟大使などを歴任している。専修大学の創始者の一人で、東京藝術大学の創設者の一人でもある。

さらに、鉄舟は明治天皇が最も信頼した侍従である。

客観的にみて、吉本襄の方が「人間の信用度」という意味で不利ではないか。

以上から目賀田種太郎が海舟から直接聞いた内容の筆記の方に、信用がおけると考える。

しかも『明治神宮叢書　第十八巻　資料編（2）』53頁に明記されているのである。

●『海舟語録』は異なる

『海舟語録』とは、官を辞してなお、陰に陽に政治に関わった勝海舟が、晩年、ジャーナリスト巌本善治を相手に、幕末明治の政情や人物などについて奔放に語ったもの。

《ナアニ、維新の事は、己と西郷とでやつたのサ。西郷の尻馬にのって、明治の功臣もなにもあるものか。自分が元勲だと思ふから、コウなったのだ……》

これは亡くなる50日前である。これは海舟が本当にこのように言っていたと考える。

すでに述べたように、明治14年（1881）、明治政府は維新の功績調査を行って、関係者を召還または口述や筆記を徴した鉄舟は「別に取り立ていう程はない」と賞勲局の呼び出しに応じなかったが、何度も呼び出しがあるので出頭すると担当の係が「先刻、勝さんが来て斯様なものを出されましたが……」と書類を鉄舟に見せた。

鉄舟がそれを見ると勝が西郷との談判を行ったと書いてあり、自分の名はないので「変だと思ったが、嘘だと言うと勝の顔を潰すことになる。勝に花を持たせてやれ」と考えた。それで「この通りだ」と海舟の功績を肯定したという経緯がある。その後、それはおかしい、正しいことを記録に遺すべきという岩倉具視の指示で『正宗鍛刀記』が書かれたことも述べた。

前述したように、海舟は『慶応四戊辰日記』慶応4年3月14日で「十四日　同所に出張西郷へ面会す。諸有司嘆願書を渡す」と記したが、これでは「面白くない」から、吉本が「談判」に変えたのではないかと推測した。

しかし、この『海舟語録』における《ナアニ、維新の事は、己と西郷とでやったのサ》の文言は海舟がそのとおり発言したのだろう。

そう考える根拠は前述した『正宗鍛刀記』（明治16年）である。『正宗鍛刀記』は、鉄舟が江戸無血開城の功績として、徳川宗家十六代の徳川家達から賜った太刀「武蔵正宗」を岩倉具視に贈呈した際に、鉄舟が岩倉に語った内容を、漢学者の川田剛が漢文で記し、明治の三筆の一人である巌谷修が六朝楷書でしたためたものである。岩倉が『正宗鍛刀記』として認めるように指示したのは、明治14年の明治政府賞勲局による維新の功績調査の海舟の言動からであった。

海舟は賞勲局に対し、鉄舟の名は出さず「自分が西郷と行った」と届け出たのであるから、この時点ですでに《ナアニ、維新の事は、己と西郷とでやつたのサ》という見解を持っていたものと推定できる。

海舟は、慶応4年3月14日の『慶応四戊辰日記』に西郷に「嘆願」したと記しているが、吉本襄の『海舟先生　氷川清話』では、《それを先生また山岡鉄舟等を遣はして之を請ふ。既にして官軍の先鋒品川に至り、将に江戸城に入らんとす。是に於て、先生自ら赴きて、参謀西郷隆盛に面し、将軍の旨をるちん縷陳して、百方其の調停に尽力す。隆盛之を容れて、直ちに進襲中止の命を下し、状を総督の宮に啓す》と書き述べさせている。

たぶん、吉本は海舟の晩年、何度も江戸無血開城について海舟から聞いたのであろう。それを上記のように編集リライトしたのではないか。

さすがに吉本は名編集者である。理解しやすく、海舟の業績が偉大であり、読み手に感動を与えるよう書き綴っている。

この文言で、多くの読者は吉本の『海舟先生　氷川清話』を信じ込んだと思われるが、その背景には海舟の「自分がやったのだ」という発言があったからではないだろうか。

明治14年の勲功調査以来、否、それ以前から、海舟は「自分がやった」ということを、ぶれずに言い続けてきたのであろう。その結果が、見事に鉄舟の西郷との駿府談判成果を消し飛ばしている。海舟の『慶応四戊辰日記』の3月10日に、以下のように書いたことなぞ忘れたのであろうか。

《十日

山岡氏東帰。駿府にて西郷氏へ面談、君上之御意を達し、且　総督府之御内書、御所置之箇条書を乞ふて帰れり。嗚呼山岡氏沈勇にして、其識高く、能く　君上之英意を演説して残す所なし、尤以て敬服するに堪たり》

このように鉄舟の働きを評価した海舟は、明治14年にはすっかり単独の手柄話として賞勲局に申し出ているのである。

このような海舟の心理変化を解析することは相当に難しい。

だが、あえて述べれば、たとえを戦国時代の大名とし、大名同士が戦争をした場合、勝利を得た大名は戦《いくさ》で功績をあげた配下の武士に対し、称賛し褒美を与えることはしても、後世の歴史として遺るのは「勝利した大名」の名が多いのではないだろうか。

海舟は、幕末に徳川家を代表して西郷と薩摩屋敷で面談したのであるから、いわば戦国時代の大名と同じく、その成果は自らのものとして扱うことに抵抗がなかったのかも知れない。

はたして、このような類推が当っているかどうか、それはわからないが、このように考えないと海舟の《ナアニ、維新の事は、己と西郷とでやったのサ》は理解できない。

第10章　「談判」と大刀の位置の総括

●「談判」は妥当なのか、そして大刀が置かれた位置は妥当なのか

壁画『江戸開城談判』に関して、江戸無血開城に関わる史実を含め多方面から検討してきた。しかし、今回の研究は江戸無血開城の史実について検討することが目的ではない。あくまでも、壁画『江戸開城談判』に関しての研究である。

そこで、最後に整理してまとめとしたい。

まとめは二つ。一つは壁画タイトルの「談判」は妥当なのかである。もう一つは海舟の大刀が置かれた位置である。武士の刀作法からみて、大刀は右脇に置くのが当然であるが、結城素明は左脇に書き換えた。何故か？　この検討である。

●壁画『江戸開城談判』タイトルの「談判」はおかしい

まず、一つ目の壁画のタイトルである。この根拠は目賀田種太郎による「談話筆記」である。結城素明が壁画『江戸開城談判』を描くにあたって、参考にした資料が『明治神宮叢書　第十八巻　資料編（2）』に記載されており、その中で次のように明記されている。

《両雄会見の有様に就ては目賀田男爵の談話筆記中にも之が詳述されている。此の談話筆記は、大

正八年（一九一九）十月三十日奉賛会より水上氏が目賀田男爵を訪れ同男爵が勝翁より聴いたところを本として語られた際の筆記である。

薩摩邸会見ノ時ハ勝ハ単騎ニテ山岡モ益満モ同行セス、勝座敷ニ通レバ障子外ニ下駄ノ音シテ（庭ノ飛石ヲ渡リシガ如シ）上縁シ坐ニ着ケリ、勝ハ大小ヲ差シ西郷ハ脇差ノミリ坐ニハ茶ト烟草盆モ出デタリ、素ヨリ開城条件ハ已ニ予知シ居ルコトナレバ夫等ノ談判ハナク西郷ハ丁寧ニ且ツ平和ニ「ドウデスさぞ憮御困リデセウ」勝ハ「困ル所デハアリマン、シテドウナサル積リデスカ」ト反問セシ時西郷ハやや稍厳格に「素ヨリ明日攻撃シマス」答エタリ……》

明治神宮奉賛会の水上浩躬が、目賀田男爵から筆記を受けたポイントは以下の三項目である。

①目賀田男爵が海舟から直接聴いた内容を筆記にした。
②「薩摩邸会見ノ時」と「談判」ではなく、「会見」と筆記している。
③「素ヨリ開城条件ハ已ニ予知シ居ルコトナレバ夫等ノ談判ハナク」と、明らかに「談判」はなかったと筆記している。

この三つのポイントの目玉は、目賀田男爵が直接「勝翁より聴いた」ということである。
また、この筆記を明治神宮は『明治神宮叢書　第十八巻　資料編（2）』に掲載している。ということは明治神宮が、この筆記を認めたという意味に理解できる。

したがって、この目賀田男爵の談話筆記を受け入れるならば、壁画『江戸開城談判』タイトルに

「談判」とあることはおかしいことになる。

では、どうして壁画『江戸開城談判』のタイトルが「談判」となったのであろうか。

それは、第9章で述べたような背景から吉本襄の『氷川清話』が出版され、それが明治35年以降に広く読まれ、信用され、世間に受け入れられた結果、明治神宮奉賛会も採り入れたのではないかと推定する。

つまり、海舟が吉本襄に江戸開城について種々述べた内容を、吉本襄が以下のように編集工作し『氷川清話』に掲載出版し、広く世間に広めたのである。

《先生自ら赴きて、参謀西郷隆盛に面し、将軍の旨をるちん縷陳して、百方其の調停に尽力す。隆盛之を容れて、直ちに進襲中止の命を下し、状を総督の宮に啓す。之によりて官軍一刃を動かさずして、江戸城に入ることを得、王政復古の大業、平和の間に成就す。先生が絶倫の大手柄は、実にこの時を以て天下に顕はれたり》

海舟が「談判」なるものを行ったから「江戸開城」が成されたと、吉本襄が『氷川清話』で作り上げ、海舟ヒーロー物語としたのであろう。

しかしながら、「談判」ではなく、平和的に「会見」が行われたということは、すでに明治15年に鉄舟直筆による『西郷隆盛氏ト談判筆記』の以下の記述からも明らかである。

《薩摩邸ニ於テ西郷氏ニ、勝安房ト余ト相会シ、共ニ前日約シタル四ヵ條必ズ実効ヲ可奏ト誓約ス。

故ニ西郷氏承諾進軍ヲ止ム》

しかし、壁画『江戸開城談判』のタイトル決定時には、これは完全に無視されていたのだろう。世に言う識者たちは、圧倒的に吉本襄の『氷川清話』を信頼していたのである。

ところが、その後新たなる歴史研究が進み、現在ではかつての「江戸無血開城の真実」の史実解釈について、『江戸無血開城　本当の功労者は誰か?』（岩下哲典　吉川弘文館　2018）と、『定説の検証「江戸無血開城」の真実』（水野靖夫　ブイツーソリューション　2021）によって問われている。この二著についてはすでに本文で紹介した。

だが今更、聖徳記念絵画館に掲示されている壁画『江戸開城談判』のタイトルを変更することはできないかもしれない。

しかし、この壁画が中学教科書に掲載され「正史」として取り扱われていることは、修正されるべきではなかろうか。

中学生の歴史認識が誤って教育されることになるからである。

●海舟の大刀の位置は武士の作法からしておかしい

ＢＳ11のテレビ番組では、聖徳記念絵画館の学芸員が、

「この壁画は緊迫した場面を表現しています。それは刀の置き方でわかります。通常は右側ですが、これは左です。この会談が決裂したらどうなるのか。その時は……。という海舟の決意を伝えているものです」と語ったことは冒頭で述べた。

聖徳記念絵画館の学芸員がいうように「通常は右側」が妥当な大刀の位置ではないだろうか。左に置くのは「戦う姿勢」を意味していると思われても仕方ない。

しかし、この壁画の慶応4年3月14日の薩摩屋敷での西郷と海舟の対面場面は、すでにみてきたように「緊迫した対面」ではなく、同年3月9日に西郷から鉄舟に伝えられた降伏条件に対する徳川側からの緩和「嘆願」であり、さらに目賀田男爵が勝翁より直接聴いたのは「会見」だったという。

このように理解するならば、武士の作法上、大刀の置き方は右側になる。

しかし、結城素明は明治神宮奉賛会から伝えられた画題考証図と反対側の左側に大刀を配置する構図で壁画を完成させ、大正15年7月15日に憲法記念館で開催された「第二回邦画部下図持寄会」に提出し、明治神宮奉賛会の承認を得ている。

その後、大下図を作成し、細部を補正し、昭和7年8月22日に浅野長勲侯爵に閲覧垂教《すいきょう》を受け、「大刀は左脇に置きてよろし」と回答を受け、同年8月31日に壁画が完成したのである。

素明が左脇に変えて描いたのであるが、今まで素明に関する資料を収集した中には、その理由を示すものはなかった。しかし、素明は二世五姓田芳柳による画題考証図から変更させている。

これをどのように読み解けばよいのだろうか。
それを三つの仮説で述べたい。

仮説①　結城素明が画家としての「信条」から大刀を左脇にした

この仮説の前提条件として、結城素明も吉本襄『氷川清話』の「合冊序言」に書かれた内容を受け入れていたと考える。したがって、江戸開城はすべてを海舟の「絶倫の大手柄」であると確信していたのではないかと考えたい。

このような受けとめ方は、松浦玲による『勝海舟全集21　氷川清話』（講談社　1973）および講談社学術文庫（2000）が出版されるまで、多くの人々が事実であると認識評価されていたのであるから、ある面、仕方がないともいえる。

だが、これに加えて結城素明の画家としての「信条」が決定的に影響を与えたと推測する。

結城素明の画家としての「信条」とは何か。

それは素明の弟子という東山魁夷の「先生からは『平凡なものを緻密に見れば、非凡な発見がある』と言われ、現在に至るまで私の心に深く刻まれている」という回顧録にうかがうことができる。「平凡なものを緻密に見れば、非凡な発見がある」、これを壁画『江戸開城談判』制作でも実践したのではないか。

パリに遊学中、明治奉賛会から壁画『江戸開城談判』制作の依頼が届き、帰国してから「描くため調査した」ことが『明治神宮叢書　第十八巻　資料編（2）』に記されているが、そこから「描くために調べたポイント」を抽出してみる。

●渋谷の西郷侯爵邸で、同邸に掲げてあった油絵の南洲翁の肖像画を撮影し、又作画の参考として当主従徳侯と南洲翁の末子午次郎氏を数枚の写真に収めた。

●且其の席上従徳侯母堂（先代従道未亡人）より大西郷の平素の行状、風采、態度等に就き種々の思出話を聴き是に依り其の輪郭が髣髴として浮び大西郷とは恁麼な人であったかと云ふこと略々摑めた。

●其の後勝伯爵家に保存されてゐる海舟翁の写真を複写して貰った。此の写真は万延元年遣米使節に随行して咸臨丸を以って米国訪問の際撮影したものである。

●更に此等の資料より出発して、先ず人物の風貌、衣服等に就て之が考証を始めた。海舟翁の米国訪問の際に撮影した写真は、万延元年（一八六〇）、三十八歳の時のものであって明治元年（一八六八）はそれより八年後に当り、年齢の上より見て、容貌等には余り甚しい変化はない筈であるから、大体之に拠って描写することにした。

●結髪は此の写真に基いて総髪にすることにした。

●服装は『氷川清話』に拠れば「当日おれは羽織姿で馬に騎つて従者一人つれた許りで薩摩屋敷へ出掛けた」とあり、羽織袴姿であったことが明らかであるから、当時着用のものを勝伯爵家より借覧した。尚羽織は黒の五つ紋であるが定紋の如きは別に同家より摺形を届けて貰つて之を参照した。

●当時海舟翁が常に帯してゐた太刀は、竜虎の彫金に金象眼を施した鉄柄のものである。小刀と共に同家に保存されてゐるので之を写生した。

●南洲翁の服装は『錦之御旗』に拠つて戊辰戦記画巻の「西郷吉之助伏見戦場巡視」の図を参考にした。即ち所謂ツ、ッポ、ダンブクロの姿で黒衣の上に黒羅紗の羽織、袴を着し、頭には陣笠を被り、腰には大小を帯してゐる図である。頭に陣笠を被つてゐる為に図の上では頭髪の形を知ることが出来ない。

●問題は結髪か散髪をしてゐたかと云ふことに帰着する。当時既に散髪の風が行がはれてゐたことは戊辰戦記画巻中にも例えば「吉井山田賊ノ退陣ヲ報ス」の図中に吉井幸輔、山田市之丞が散髪をしてゐることに拠っても分る。

●南洲翁の頭髪のことは、戸川残花（安宅）翁の紹介に依り旧幕臣で当時海軍副官であった安原金次郎氏に其の調査を依頼した。

●安原氏の返事は、西郷翁ノ結髪ハ慶応四年ノ春散髪ニ被成江戸城渡シノ評議当時は既ニ散髪ニ有之候由ニ御座候。之に拠つて南洲翁は慶応四年春散髪し、江戸開城談判の砌には散髪であつたことが明瞭となり画図に南洲翁を散髪に描いたのである。
●両者の態度については、南洲翁の態度が謹厳であれば海舟翁も亦厳粛であるべきは当然である。
●南洲翁の眼の大きかつたことは有名であるがこれに対して海舟翁のは非常に鋭かつたと云ふ話である。上野の南洲翁の銅像は翁の風貌を最も能く伝えてゐると云ふ。そこで、之を作画の参考にする為に写真を撮った。
●芝田町薩摩藩邸の座敷に就ては、其の詳細の点に就ては殆ど明らかでない。そこで之が調査を島津公爵家編輯所の有馬純彦氏に依頼した結果、客間、床、違棚、床掛物、同置物、襖、障子、書院窓、欄間、畳、煙草盆について詳細に報告してくれた。
●これに座敷の見取図を添えてあり、製作上甚だ参考になった。
●上野寛永寺内に徳川慶喜公が維新の際隠棲された座敷については、凌雲院（田安家位牌所）が昔のままで、参考になるかも知れないと凌雲院へ行って見ると、其の座敷は有馬氏の調査した田町薩摩藩邸の見取図と殆ど一致するものであった。其の後同氏は屡々此処に足を運んで之を写生し、漸く薩摩藩邸の座敷の図を描くことが出来た。
●結城氏は金子堅太郎伯爵の高批を乞い遂に此の図を決定するに至った。
●次はモデルを使用して人物の習作であるが、十三代守田勘弥の弟子・阪東弥三郎に来て貰つて、海舟翁の扮装で屡々之を写生した。

●南洲翁のモデルは伊達錦武士を頼んだが、此の人は元力士であつて、南洲翁の肥大なる体格を写すに最も適してゐた。ツ、ッポ、ダンブクロの服装を着け、薩摩藩邸の座敷と同様な光線を想定して、或は之を写真に撮って作画の参考にした。

●大正十五年七月に至って漸く作画が描け、同月十五日憲法記念館に於て開かれたる第二回邦画部下図持寄会に提出して、奉賛会の承認を得た。

●次いで大下図に着手し、昭和七年夏に至って完成の域に達し、同年八月二十二日其の大下図を現場に掲揚して構図の不備を訂正し、更に図中の各所を箇条書にし、之に小下図の一枚を添え、浅野長武氏を煩はして浅野長勲侯爵（元広島藩主）の閲覧垂教を乞うた。

●浅野長武氏から祖父の返答回答として室、床、掛物、置物同壺、壁張、畳、障子、天井の状況と、西郷の服装については、髷、衣服、小刀。勝の服装については髷、羽織、衣色、袴、半衿、小刀、大刀、煙草盆、座布団の確認。この中に「大刀は左脇に置きてよろし」と明示された。

結城素明はこのような詳細な調査を行った上で描いたのである。

海舟の大刀の位置を左脇に描き、それを浅野長勲侯爵が認めたのであるから、素明は自信を持ったであろうし、改めて当然だと思ったに違いない。

「江戸開城」は海舟の「談判」効果で決定したという判断を素明は確信していたので、五姓田芳柳が描いた画題考証図の右脇に置いた大刀について当初から疑問に思っていたに違いない。

厳しい「談判」をして決定させた「江戸開城」である。その情景を間違いなく表現させるためには、大刀の置き方で、そのことを示さなければいけない。

素明は、持ち前の「信条」である「精密な調査」を通じて、画題考証図には肝心要となるものが「欠けている」という認識を持ったのではないか。

せっかく、海舟が「談判」して獲得した江戸無血開城なのに、画題考証図はそのことを十分に表現していない。

それを正すために海舟の大刀位置を左脇にしたのだ。これが仮説①である。

仮説② 結城素明が「常識家としての画家」であることが海舟の大刀位置を決めた

結城素明の特徴は個展開催が少ないことで、生前3回、没後2回、合わせて5回である。

この個展開催数の少なさと、東山魁夷が「力作」としか評しないこと、それと『ベルダ』読者から指摘された「常識の臭い」、これらから総合的に考えると、やはり素明は「芸術家としての画家」というよりも、ある意味「常識家としての画家」であって、これが素明に画題考証図と刀位置を違えて壁画を描かせたのではないかと推察する。

こう推察する背景は、『江戸開城談判』の奉納者が、侯爵・西郷吉之助と伯爵・勝精であることである。

この二者は慶應4年3月14日における「西郷・勝」会見の末裔であるから、奉納者の強い希望が反映したのであろうことは、容易に汲み取れるだろう。

まして、素明は海舟ら命名されたという経緯がある。このようなことから、素明の脳細胞には、壁画奉納を担う献金者の意向を忖度するという「常識」的な感覚が働いたのではないか。

かりに素明が詳しく史実を調べていれば、鉄舟も同席していたことが判明したであろうが、そのような場合でも鉄舟関係者が奉納者になっていないので、西郷と海舟のみの描写にしただろう。

以上のように、「談判」で決まったという素明の「常識理解」、奉納者が西郷家と勝家であるからという「世間の常識感覚」、これが現在の聖徳記念絵画館壁画となっているのではないだろうか。

これが仮説②である。

仮説③　結城素明は代表作を制作したかったのではないか

素明の作品を常設展示しているのは聖徳記念絵画館の壁画『江戸開城談判』と『内国勧業博覧会行幸啓』であるが、後者の壁画は影が薄い。

壁画『江戸開城談判』が「正史」として受けとめられているのが現状では、これが素明の代表作品といえるだろう。

素明は、大正2年（1913）1月、美術雑誌『多都美』に「先ず自己の頭脳を作れ」と投稿し、自己の確立、新しさの追求、幅広い教養が必要かつ重要だと説いたように、これを常に実践してきた。

画家であるが、文筆研究家としての研鑽も重ね、そのミックスからアウトプットすべく、常に明日に向かって動き回り、その結果を絵と筆で表現したのであるから、過去と同じ傾向作品をブラッシュアップするのではなく、新たに脳細胞にインプットした材料をもとに作り上げる。これが素明の制作方法ではなかったか。

壁画『江戸開城談判』も、このような描き方で制作したのだと推測する。絵画館奉賛会から示された画題考証図を参考にしたものの、自らの検討調査から江戸開城は海舟の「談判」で決まったと判断したからこそ、大刀の位置は左に置くことが正しいと思ったのではないか。

『白河を駆け抜けた作家たち　図録』（白河市歴史民俗資料館　1999）で藤田龍文氏は、「余りにも博学多才であったため、画風の表現の幅が広く、素明の画風はどういったものか、代表的作品は何か、と戸惑ってしまう」と述べさせたが、その杞憂は、聖徳記念絵画館の壁画『江戸開城談判』が「素明の代表作」となって、同館で常設展示されているので消えたのである。

これが仮説③である。

結城素明が画題考証図における海舟の大刀配置が右側であったものを、壁画『江戸開城談判』では左側に配置して描いた理由、これについて素明は資料として遺していないので、以上の三つの仮説で検討した。

いずれもそれなりの背景から推測したものであり、この中のいずれかと考えている。

だが、聖徳記念絵画館の壁画は教科書に掲載され、一般社会から「正史」と扱われている現状であり、加えて、明治神宮奉賛会の絵画館委員会が「四年有余ニ亙リ博ク索メ深ク究メ慎重ナル審議ヲ遂ケテ」（『明治神宮叢書　第二十巻　図録編』）の結果、大正10年（1921）に画題考証図を決定したという経緯が存在する。

このように慎重な取り扱いを受けた画題考証図を、壁画を描いた結城素明が変更したのに、その理由を明確化していないままに、これからも壁画『江戸開城談判』を「正史」とし、これを継続していくのは問題ではなかろうか。

江戸城が無血開城された背景も含め、改めて検討し直したうえで、壁画『江戸開城談判』について妥当な「解説」をつくるときがきているように考える。

おわりに

本書で、二つの結論を述べた。

一つ目の結論は、聖徳記念絵画館の壁画『江戸開城談判』に描かれた場面は、「談判」ではなかったということである。

ほとんどの人は、海舟が「談判した」と述べていると思っているが、目賀田種太郎男爵が海舟から聴いた内容を筆記した記録には「素ヨリ開城条件ハ已ニ予知シ居ルコトナレバ夫等ノ談判ハナク」と明記されており、海舟は「談判した」とは言っていないのである（『明治神宮叢書　第十八巻資料編（2）』）。

この誤解解釈の背景には、明治35年出版の吉本襄『氷川清話』が存在する。

もう一つは、結城素明が壁画『江戸開城談判』で描いた海舟の大刀の位置が「左脇」にあるのはおかしいと結論化したことである。

この背景にも、明治35年出版の吉本襄『氷川清話』が存在する。

現在、我々が読み参考にしているのは、講談社学術文庫（江藤淳・松浦玲編　2000）と、『勝海舟全集21　氷川清話』（江藤淳・川崎宏・司馬遼太郎・松浦玲編　講談社　1973）である。

だが、これが出版されるまでは、海舟没後3年余を経た明治35年（1902）11月に、吉本襄が出版した『海舟先生　氷川清話』（合冊本）を、またはこれを種本にした『氷川清話』を読み続けていたのである。

ということは、この壁画『江戸開城談判』に関係した当時の人たちも、同様に吉本合冊本『氷川清話』によって、幕末維新と江戸開城場面を理解していたということになる。

このような背景条件によって、壁画『江戸開城談判』とタイトルが成され、結城素明も海舟の意気込みを示す意味で、『画題考証図』では「右脇」に置いた大刀を、「左脇」に変更して描いたと考える。

江戸無血開城について諸研究が進んだ現在、改めて、史実を見直すとともに、聖徳記念絵画館の壁画『江戸開城談判』が「正史」であるという解釈、これについても考え直すタイミングがきているのではないか。

これらの背景から本書を出版した次第である。

本書は月刊誌『ベルダ』に連載（2019年7月～2020年6月）した内容を、株式会社ベストブック・千葉弘志社長、小林久支編集長のご理解とご協力で出版させていただいたものである。深く感謝申し上げたい。

山本紀久雄（やまもと きくお）

1940年生まれ。中央大学商学部卒業。山岡鉄舟研究会会長。

【著書】
『フランスを救った日本の牡蠣』小学館スクウェア　2003年
『笑う温泉・泣く温泉』小学館スクウェア　2004年
『ぬりえ文化』（共著）小学館スクウェア　2005年
『ぬりえの心理』（共著）小学館スクウェア　2006年
『ぬりえを旅する』（共著）小学館スクウェア　2007年
『世界の牡蠣事情』小学館スクウェア　2010年
『世界の牡蠣事情 II』小学館スクウェア　2014年

江戸無血開城、通説を覆す
一枚の絵に隠された“謎”を読み解く

2021年12月28日 第1刷発行

著　者	山本 紀久雄
発行者	千葉 弘志
発行所	株式会社ベストブック 〒106-0041 東京都港区麻布台3-4-11 麻布エスビル3階 03（3583）9762（代表） 〒106-0041 東京都港区麻布台3-1-5 日ノ樹ビル5階 03（3585）4459（販売部） http://www.bestbookweb.com
印刷・製本	中央精版印刷株式会社
装　丁	町田貴宏

ISBN978-4-8314-0246-2 C0021